Naohisa Murakami

Jogo de formação de grandes alianças comerciais na Ásia-Pacífico

Naohisa Murakami

Jogo de formação de grandes alianças comerciais na Ásia-Pacífico

Cooperação e rivalidades

ScienciaScripts

Imprint

Cover image: www.ingimage.com

This book is a translation from the original published under ISBN 978-3-659-63376-8.

Publisher:
Sciencia Scripts
is a trademark of
Dodo Books Indian Ocean Ltd. and OmniScriptum S.R.L publishing group

120 High Road, East Finchley, London, N2 9ED, United Kingdom
Str. Armeneasca 28/1, office 1, Chisinau MD-2012, Republic of Moldova, Europe
Printed at: see last page
ISBN: 978-620-7-63642-6

Conteúdo

AGRADECIMENTOS

Estou profundamente grato ao Sr. Andrei Fotescu, editor da LAP Lambert Academic Publishing, gerida pela OmniScriptum AraPers GmbH de Saarbrucken, Alemanha, por se ter oferecido para publicar uma monografia dos meus artigos. Sem a sua generosa oferta, este livro não teria visto a luz do dia.

Os meus agradecimentos vão também para o Asia-Pacific Journal of EU Studies e para o seu editor, o Prof. Dr. Sang ChubPark, da Escola de Pós-Graduação em Tecnologia e Energia baseadas no Conhecimento da Universidade Politécnica da Coreia, que me autorizou a reutilizar os meus artigos originalmente publicados na revista.

Seguem-se os títulos dos artigos, bem como o respetivo volume, número e páginas da revista.

"O impacto de Fukushima na UE: Repensar a segurança da energia nuclear e a energia Misturar num novo paradigma"
Volume 10, Número 2, inverno de 2012, pp 41-59

"Lições da crise da zona euro na Ásia: Comparação com a Abenomics e a Perspectivas do Acordo de Comércio Livre Pan-Asiático Emergente"
Volume 11, Número 2, inverno de 2013, pp 35-57

"Rethinking Impacts on Japan and the EU of the U.S. Shale Revolution" (Repensar os impactos da revolução do xisto nos EUA no Japão e na UE):
Mudanças no paradigma energético mundial"
Volume 12, Número 2, inverno de 2014, pp 71-80

"Integração social e combate ao extremismo: Análise das experiências europeias e do que o Japão pode aprender com elas"
Volume 13, Número 2, inverno de 2015, pp 89'108

"Jogo de formação de grandes alianças comerciais na Ásia-Pacífico: Pontos de vista de Tóquio e de outros países sobre o TPP, o RCEP e o APE Japão-UE"
Volume 14, Número 2, inverno de 2016, pp 25-41

Naohisa Murakami

PREÂMBULO

Por Naohisa Murakmi

Parece haver uma tendência nos meios académicos do Japão e de outros países asiáticos para olhar para a União Europeia em busca de pistas para resolver vários problemas actuais e conseguir a integração na Ásia. Mas a Ásia continua dividida, em parte devido às animosidades persistentes entre o Japão e a China, os dois gigantes da região, e entre o Japão e a Coreia do Sul, que remontam à época da Segunda Guerra Mundial. No entanto, devem ser prosseguidos esforços árduos para resolver as diferenças e promover a integração, a fim de contribuir para a paz e a prosperidade na região.

Esta monografia é uma coletânea de cinco artigos sobre uma vasta gama de temas relacionados com a UE e os países da Ásia-Pacífico, incluindo o Japão. Os artigos foram publicados pela primeira vez no Asia-Pacific Journal of EU Studies, publicado pela European Union Studies Association Asia Pacific. Trata-se de uma associação académica da região Ásia-Pacífico, dedicada aos estudos sobre a União Europeia e a integração europeia. O seu objetivo é promover e coordenar os estudos sobre a UE nos domínios conexos, bem como cultivar e desenvolver a compreensão mútua e a cooperação amigável na região e com a UE e os seus Estados-Membros. Atualmente, são membros 10 sociedades nacionais e regionais de estudos da UE da China, Hong Kong e Macau, Japão, Coreia do Sul, Tailândia, Taiwan, Austrália e Nova Zelândia.

Participei nas últimas sete conferências anuais da associação multidisciplinar e fiz apresentações sobre vários temas, com base nas quais escrevi artigos para a revista.

Sendo um jornalista que se tornou académico, escolhi um vasto leque de temas actuais. São eles: (1) a segurança das centrais nucleares na sequência do acidente devastador na central nuclear da Tokyo Electric Power Co. em Fukushima, em 2011; (2) as lições da crise da zona euro para a Ásia; (3) o impacto da revolução do xisto nos EUA no Japão e na UE; (4) a forma como a Europa tem lidado com o extremismo e promovido a integração social como parte das medidas para o combater; e (5) o "jogo de formação de grandes alianças comerciais na Ásia".

Pacífico", com os pontos de vista das capitais sobre o TPP, o RCEP e o APE Japão-UE. O

O documento sobre Fukushima aponta as ligações interligadas entre a produção de energia nuclear e o desenvolvimento de armas nucleares. Mostra também os efeitos da catástrofe de Fukushima nas políticas de energia nuclear da Alemanha e de outros países da UE.

O segundo artigo abordava a crise da zona euro e reflectia sobre as lições que a Ásia pode aprender com ela e como poderá afetar as perspectivas de uma moeda única na Ásia.

O terceiro documento procurou acompanhar os efeitos da revolução do xisto dos EUA na UE e no Japão e prever a forma como esta mudaria o panorama da oferta e da procura de energia no mundo.

O artigo sobre integração social foi escrito na sequência de uma série de ataques terroristas mortais em França e do afluxo maciço de pessoas deslocadas do Médio Oriente e de África, devastados pela guerra, para a Alemanha e outros países da UE. O artigo também esclarece a "proximidade" da sociedade japonesa em relação à aceitação de refugiados do estrangeiro.

O último artigo, cujo título foi utilizado como o do livro, debruçou-se sobre as rivalidades em curso entre as tentativas de forjar mega-acordos de comércio livre na Ásia-Pacífico, que se tornaram ainda mais importantes tendo em conta as políticas proteccionistas flagrantes da administração Trump dos EUA.

Seria para mim um grande prazer se estes cinco pequenos artigos pudessem dar que pensar em relação ao comércio, à energia, à moeda e a outras questões actuais que envolvem tanto a Ásia como a Europa.

Eis a minha breve biografia:

Naohisa Murakami (Sr.), um jornalista que se tornou académico, ensina atualmente relações internacionais na Faculdade de Humanidades e Ciências da Universidade de Nihon, em Tóquio, e é investigador não residente no Instituto de Investigação Jiji, também em Tóquio. Trabalhou para a Jiji Press durante 26 anos, durante os quais foi correspondente em Bruxelas, entre 1989 e 1994, e depois passou para o mundo académico, onde foi professor de relações internacionais durante 14 anos na Universidade de Tecnologia de Nagaoka, uma instituição estatal, até à sua reforma obrigatória em março de 2015. O seu último livro, intitulado "What will become of the EU-Impacts of Brexit (EU wa donarunoka-buregujitto no shougeki)", Heibonsha, Tóquio, 232 páginas, 2016. naohisa@crux.ocn.ne.jp

CAPÍTULO 1

O impacto de Fukushima na UE- Repensar a energia nuclear segurança e cabaz energético num novo paradigma[1]

I...INTRODUÇÃO

Oliver Morton, um escritor científico britânico, escreveu na revista The Economist que "a energia nuclear não desaparecerá, mas o seu papel poderá nunca ser mais do que marginal", resumindo sucintamente a perceção popular, algo sombria mas realista, da indústria mundial de energia nuclear.

O mega terramoto- e o consequente tsunami que atingiram o nordeste do Japão a 11 de março danificaram gravemente a central nuclear de Fukushima Dai- Ichi da Tokyo Electric Power Co. th O pior acidente numa central nuclear desde a catástrofe de Chernobyl, em 1986, deu origem a um novo ceticismo em relação a um status quo disfuncional e envelhecido, que poderá provocar uma metamorfose radical da própria sociedade japonesa, bem como uma "terceira abertura" do Japão, comparável às desencadeadas pela Restauração Meiji, no século XIX, e pela ocupação militar dos EUA após a Segunda Guerra Mundial.

A catástrofe nuclear de Fukushima provocou ondas de choque em todo o mundo e levou a uma bipolarização mais acentuada na Europa em termos de atitude em relação às centrais atómicas.

O objetivo deste artigo é (1) analisar a forma como Fukushima tem vindo a mudar a sociedade japonesa no meio de uma mudança de paradigma aparentemente rápida, (2) analisar o impacto de Fukushima nos países europeus, (3) observar a forma como o Japão e a União Europeia têm interagido entre si em questões de segurança nuclear, (4) lançar luz sobre as segundas intenções de Tóquio ao iniciar a "utilização pacífica" da energia nuclear e (5) tentar analisar a mudança do cabaz energético e prever o futuro da indústria da energia nuclear no Japão.

II. APRES 3.11. NO JAPÃO

A catástrofe de Fukushima, que culminou com a fusão de três reactores nucleares e obrigou cerca de 100 000 pessoas a abandonar as suas casas num raio de 20 km da central, continua a exercer uma forte pressão sobre o governo e a população japoneses de várias formas.

Para além das difíceis tarefas de desmantelamento dos quatro reactores da malfadada central e de limpeza das áreas contaminadas por substâncias radioactivas em redor da central, Tóquio tem de garantir a máxima segurança dos restantes 50 reactores nucleares em todo o país e elaborar em breve um novo plano energético viável, no qual se espera que o papel da energia nuclear seja fortemente reduzido ou mesmo totalmente eliminado.

A realização de tarefas tão hercúleas exige uma enorme quantidade de dinheiro. Estima-se que o

[1] Uma versão preliminar deste documento foi apresentada na conferência anual da Associação de Estudos da União Europeia Ásia-Pacífico, que teve lugar em Singapura, a 4 de junho de 2012.

trabalho de desmantelamento, que durará décadas, custará à TEPCO, o seu operador, vários biliões de ienes, enquanto a conta da descontaminação atingirá provavelmente uns impressionantes 50 biliões de ienes.

A crise de Fukushima atraiu grande atenção no estrangeiro, também do ponto de vista da segurança nuclear, uma vez que foi causada por múltiplas catástrofes naturais que conduziram ao disfuncionamento simultâneo de três reactores nucleares e aos danos infligidos a um sistema de arrefecimento de uma piscina de combustível nuclear irradiado. Parece haver uma semelhança entre as consequências de uma crise grave numa central nuclear e o problema da segurança nuclear, que pode ser posta em perigo por potenciais terroristas.

As causas da catástrofe de Fukushima são multifacetadas e ainda não foram determinadas de forma convincente. Mas não seria exagerado dizer que os japoneses ficaram estupefactos com o facto de a catástrofe se ter ficado a dever, em parte, a erros humanos, a uma regulamentação deficiente e a uma cultura de segurança insuficiente em torno da chamada "comunidade da energia nuclear" ("genshiryokumura"). Esta comunidade inclui a Agência de Segurança Nuclear e Industrial do governo, que pertence ao Ministério da Economia, Comércio e Indústria (METI) e à Comissão de Segurança Nuclear, a TEPCO e outras empresas de serviços públicos, empresas de equipamento elétrico pesado e de construção e o meio académico.

Este tipo de cultura de segurança inadequada caracteriza-se pela inépcia e conivência dos "gennshiryokumura", bem como pela falta de transparência e de responsabilidade. A TEPCO tem sido notória pela sua cultura de "lucro em primeiro lugar e fechada" e por um mau historial em termos de divulgação pública de informações de segurança, como exemplificado pelo encobrimento de um defeito que surgiu em 1992 numa bomba de emergência concebida para arrefecer o núcleo de um reator durante acidentes na sua central na prefeitura de Niigata.

A comissão parlamentar japonesa que investigou as causas da crise de Fukushima apresentou um relatório final em julho de 2012, no qual o seu presidente, Kiyoshi Kurokawa, salientou sem rodeios na secção do prefácio: "É preciso admitir - muito dolorosamente - que este foi um desastre 'Made in Japan'. As suas causas fundamentais encontram-se nas convenções enraizadas da cultura japonesa: a nossa obediência reflexiva, a nossa relutância em questionar a autoridade, a nossa devoção a 'seguir o programa', o nosso grupismo e a nossa insularidade". [2]

As consequências da negligência em Fukushima destacam-se como catastróficas, mas a mentalidade que a apoiou pode ser encontrada em todo o Japão. Ao reconhecer este facto, cada um de nós deve refletir sobre a sua responsabilidade enquanto indivíduos numa sociedade democrática".

A comissão de Kurokawa concluiu que "dadas as deficiências de formação e preparação, uma vez ocorrido o apagão total da estação, incluindo a perda de uma fonte de energia direta, era impossível alterar o curso dos acontecimentos".

A TEPCO tem-se debatido com dificuldades financeiras para compensar as vítimas da catástrofe e pagar os custos crescentes do combustível para a produção de energia térmica, enquanto os seus reactores nucleares continuam parados. A empresa foi colocada sob controlo estatal desde julho de 2012.

---

[2] Citado na versão inglesa do relatório

Antes de a central de Fukushima Dai-Ichi da TEPCO ter sido devastada pelo terramoto e pelo tsunami que se seguiu, o Japão tinha 54 reactores nucleares em funcionamento, que forneciam cerca de 30% da sua eletricidade. Mas a maioria dos reactores que foram submetidos a verificações de manutenção de rotina ainda não foram autorizados a retomar as operações devido à oposição popular e ao ceticismo quanto à sua segurança. Nestas circunstâncias, o Japão não teve nenhuma central atómica em funcionamento entre 5 de maio e 2 de julho, quando finalmente a unidade Oi n.º 3 da Kansai Electric Power Co. na prefeitura de Fukui, na região ocidental do Japão, foi reactivada com a autorização do governo, embora no meio de ferozes protestos.[3] A paralisação da indústria nuclear japonesa foi a primeira do género em quatro décadas, sublinhando a profundidade das preocupações locais em matéria de segurança.

No entanto, a região de Kansai, na parte ocidental do Japão, servida pela KEPCO, está a enfrentar uma grave escassez de eletricidade, uma vez que a empresa não consegue reativar outros reactores nucleares.

A comunidade empresarial japonesa, por seu lado, ficou um pouco aliviada com os sinais emergentes de uma mudança na política governamental em matéria de energia nuclear, no sentido de permitir a reativação de um pequeno número de reactores.

Mais de 50% dos japoneses opõem-se ao regresso ao status quo ante e exigem que o Japão abandone ou reduza drasticamente a sua dependência da energia nuclear, de acordo com sondagens de opinião efectuadas por vários jornais japoneses.

Mas a situação continua a ser fluida e a forma como os prós e os contras, bem como os interesses divergentes, se irão desenrolar permanece incerta.

III. BIPOLARIZAÇÃO NA EUROPA

Mesmo antes da catástrofe de Fukushima, era possível observar opiniões divergentes sobre a necessidade e a conveniência das centrais nucleares. Mas a crise nuclear no Japão teve um impacto considerável na opinião pública europeia. Fukushima abriu caminho a um novo ceticismo sobre a segurança das centrais nucleares na Europa. Enquanto alguns países europeus se mantiveram firmes na sua política de promoção da energia nuclear, a divergência, ou bipolarização, das opiniões no conjunto da Europa acentuou-se.

Entre os membros da UE, a Alemanha e a Itália decidiram abandonar a dependência da energia nuclear. A Alemanha, a potência económica da Europa, suspendeu a exploração de 8 reactores antigos de um total de 17 reactores na sequência do desastre de Fukushima e encerrará os restantes por fases até 2022. A decisão do governo conservador alemão, liderado pela chanceler Angela Merkel, de proceder à desnuclearização gradual em favor de fontes de energia renováveis, como a solar e a eólica, foi aparentemente influenciada pelo grave acidente no Japão.

Recorde-se que a Alemanha elaborou inicialmente um plano para seguir o caminho da desnuclearização (até 2021-2022) durante a administração social-democrata liderada pelo então chanceler Gerhard Schroeder em 2002. O governo de Merkel, que sucedeu aos sociais-democratas,

[3] A unidade n.º 4 da KEPCO foi reiniciada algumas semanas mais tarde

tentou enfraquecer o plano e apresentou um novo plano segundo o qual a vida das centrais nucleares do país será prolongada por uma média de 10 anos. Cerca de seis meses depois, deu-se a catástrofe de Fukushima.

Nas eleições legislativas locais do Estado de Baden-Wurtemberg, realizadas a 17 de março, ou seja, logo após o início da crise de Fukushima, a coligação no poder liderada pela União Democrata-Cristã (CDU) foi derrotada por larga margem, reflectindo o crescente apelo popular a um regresso à via original da desnuclearização. Esta situação levou o governo de Merkel a criar um grupo consultivo de 17 membros de alto nível, que chegou a uma conclusão unânime, apelando à suspensão do funcionamento das centrais nucleares dentro de 10 anos. O debate, que durou 12 horas, foi transmitido em direto para todo o país, durante a audição pública em Berlim, promovida pela Comissão de Ética para um Aprovisionamento Energético Seguro. A reviravolta do Governo de Angela Merkel na via da desnuclearização reflectiu a conclusão da comissão.

A comunidade empresarial alemã não ficou satisfeita com a decisão do governo de Merkel. A Federação da Indústria Alemã (BDI) advertiu que, sem centrais nucleares, o custo da eletricidade para a indústria aumentará provavelmente até 30%. O Governo alemão criticou este cenário, considerando-o demasiado pessimista.

Em Itália, as suas quatro centrais nucleares foram desactivadas na sequência do acidente de Chernobyl. Depois de Fukushima, a Itália realizou um referendo que reafirmou a política de não construção de novas centrais nucleares. Isto significa que a Itália continuará a ser um país sem energia nuclear.

A Suíça, um país que não é membro da UE, decidiu encerrar gradualmente as suas cinco centrais nucleares até 2034.

Entretanto, um grupo de países da UE sem centrais nucleares, incluindo a Áustria, a Grécia, a Irlanda e Portugal, adoptou uma declaração contra a utilização da energia nuclear na sequência da crise nuclear no Japão.

Por outro lado, muitos países da Europa de Leste que aderiram à UE em 2004 parecem não ter outra opção senão confiar na energia nuclear, uma vez que têm dificuldades em garantir fornecedores de energia alternativos e em desenvolver tecnologias de energias renováveis. Existem seis reactores na República Checa, quatro na Hungria e na Eslováquia, dois na Roménia e na Bulgária e um na Eslovénia. A Comissão Europeia está preocupada com a segurança dos reactores envelhecidos na Europa Oriental, que são do mesmo tipo que o malogrado reator de Chernobyl.

Além disso, estão a ser construídas duas centrais atómicas na Eslováquia, enquanto a Polónia, a Lituânia, a Roménia e a República Checa têm planos para construir novas centrais, na tentativa de garantir a independência energética.

A França, com 58 reactores nucleares, o segundo maior número do mundo a seguir aos Estados Unidos, parece estar decidida a manter a sua indústria nuclear, embora a uma escala reduzida, após a eleição de François Hollande como novo Presidente.

A existência de uma série de centrais nucleares em França e o seu estatuto de detentor de armas nucleares reconhecido internacionalmente simbolizam a "gloire francaise", apesar de o país ter sido eclipsado economicamente pela sua poderosa vizinha Alemanha. Acrescente-se que, na sequência das duas crises petrolíferas dos anos 70, a França considerou aparentemente indispensável assegurar a sua independência em termos de aprovisionamento energético. A economia do país sofreu uma queda na sequência do embargo petrolífero árabe dos anos setenta. Além disso, o seu desenvolvimento de armas nucleares deve ser considerado no contexto da política internacional do pós-guerra, com a França e outros países da Europa Ocidental ensanduichados entre os Estados Unidos e o seu adversário, a União Soviética, tanto do ponto de vista estratégico como psicológico.

Os presidentes franceses da Quinta República, iniciada em 1958, de Charles De Gaulle a Georges Pompidou, Valerie Giscard d'Estaing, François Mitterrand, Jacques Chirac, Nicolas Sarkozy, parecem nunca ter duvidado da glória francesa baseada nas armas nucleares e na energia nuclear.

O facto de a política de energia nuclear ter sido um ponto de discórdia entre Sarkozy e Hollande durante as suas campanhas eleitorais não tem precedentes e, aparentemente, reflecte as preocupações da população sobre a segurança das centrais nucleares em França, na sequência da crise nuclear de Fukushima.

Hollande pretende reduzir a quota-parte da energia nuclear nas fontes de energia do nível atual de quase 80% para 50%. No acordo alcançado entre o Partido Socialista de Hollande e os Verdes, que acabaram por formar um governo de coligação com o primeiro, há uma referência ao encerramento de 24 reactores dispendiosos, um a um. Mas, na realidade, apenas um reator envelhecido, o de Fessenheim, no leste de França, deverá ser encerrado durante os cinco anos da presidência de Hollande.

O Reino Unido também sublinha a importância da energia nuclear. Mas o seu governo não tem apoiado a indústria de energia nuclear do país após a liberalização de toda a sua indústria de energia eléctrica desde a década de 1990. A sua empresa de desenvolvimento da energia nuclear, a British Energy, foi vendida ao monopólio francês da energia eléctrica, a Electricite de France, por 12,5 mil milhões de libras (Wakisaka, 2012). Por outras palavras, a cooperação anglo-francesa tem vindo a desenvolver-se no sector da energia nuclear. A EDF planeia construir quatro reactores nucleares na Grã-Bretanha.

À primeira vista, parece haver uma bipolarização nas atitudes dos países europeus em relação à energia nuclear. Mas, no total, só há quatro reactores nucleares em construção^ dois na Eslováquia e um em França e na Finlândia. Por outras palavras, o papel da energia nuclear na Europa está destinado a diminuir no futuro, à medida que os velhos reactores nucleares forem sendo gradualmente postos fora de serviço sem serem substituídos por novos.

Segue-se a repartição por país do número de centrais nucleares na Europa e noutros países importantes, em abril de 2012, de acordo com a Associação Nuclear Mundial (WNA).

Quadro 1 Número de centrais nucleares na Europa e no mundo

	in service	under construction
Western Europe		
France	58	1
Britain	17	
Sweden	10	
Germany	9	
Spain	8	
Belgium	7	
Finland	4	1
Netherlands	1	
Subtotal	114	2
Eastern Europe		
Czech Republic	6	
Hungary	4	
Slovakia	4	2
Romania	2	
Bulgaria	2	
Slovenia	1	
Subtotal	19	2
EU total	133	4
Switzerland	5	
USA	104	1
Russia	33	10
China	16	26
India	20	7
Japan	50	2
South Korea	23	3
World total	435	62

IV. COOPERAÇÃO ENTRE O JAPÃO E A UE

A UE foi rápida a oferecer assistência ao Japão na sequência do grave acidente de Fukushima. Bruxelas forneceu a Tóquio informações sobre:

(1) métodos de descontaminação

(2) exercícios de segurança nuclear

(3) a metodologia de medição da poluição radioactiva.

Na sequência do acidente de Fukushima, os 27 países do grupo- começaram a efetuar testes de resistência às centrais nucleares existentes na UE. Os testes de resistência que Tóquio realizou nas centrais nucleares japonesas foram inspirados nos da UE, mas foram criticados como "medidas incompletas", uma vez que o Governo japonês dividiu os testes em duas partes: os que examinavam a capacidade de resistir à fusão dos reactores nucleares e os que examinavam as medidas para fazer face às consequências da fusão do reator. Aparentemente, Tóquio considerou que seria necessário muito tempo para realizar exaustivamente os testes de resistência e efectuou apenas a primeira parte.

Entretanto, o Japão e a UE esforçaram-se por melhorar as normas de segurança internacionais no âmbito da Agência Internacional da Energia Atómica (AIEA), sediada em Viena.

Segue-se a síntese do Plano de Ação da AIEA para a Segurança Nuclear, publicado em setembro de 2011:

(Avaliação interpares da AIEA sobre segurança nuclear)

- O Secretariado da AIEA, a fim de aumentar a transparência, fornecerá informações resumidas sobre onde e quando foram efectuadas as avaliações pelos pares da AIEA e
- tornar públicos, em tempo útil, os resultados dessas revisões, com o consentimento dos Estados em causa.
- Os Estados-Membros serão fortemente encorajados a acolher voluntariamente as avaliações interpares da AIEA, incluindo as avaliações de acompanhamento, numa base regular; o Secretariado da AIEA responderá atempadamente aos pedidos de tais avaliações. (Resposta de emergência)
- O Secretariado da AIEA, os Estados-Membros e as organizações internacionais relevantes reforçarão o mecanismo de assistência para garantir que a assistência necessária seja disponibilizada prontamente.
- Será considerada a possibilidade de reforçar e utilizar plenamente a Rede de Resposta e Assistência da AIEA (RANET), incluindo a expansão da sua capacidade de resposta rápida.
- Reforço da eficácia dos organismos reguladores nacionais
- Reforçar a eficácia das organizações operacionais no que respeita à segurança nuclear
- Rever e reforçar as normas de segurança da AIEA e melhorar a sua aplicação
- Melhorar a eficácia do quadro jurídico internacional
- Facilitar o desenvolvimento das infra-estruturas necessárias aos Estados-Membros que se lançam num programa de energia nuclear
- Reforçar e manter o reforço das capacidades
- Garantir a proteção permanente das pessoas e do ambiente contra as radiações ionizantes após uma emergência nuclear
- Aumentar a transparência e a eficácia da comunicação e
- Utilizar eficazmente a investigação e o desenvolvimento

Um funcionário da Comissão de Energia Atómica do Japão disse ao autor, no outono de 2011, que as avaliações internacionais pelos pares foram realizadas na central de Fukushima Dai'Ichi muitos anos antes do desastre nuclear e apontaram muitas deficiências da central à TEPCO, que acabou por não reagir. Por conseguinte, é necessário encontrar rapidamente formas de reforçar as avaliações internacionais pelos pares.

Enquanto o povo japonês continua a lutar para enfrentar a crise nuclear ainda latente, bem como as consequências do terramoto de magnitude 9,0 e do consequente tsunami, a Europa está a tentar ajudar o país atingido pela catástrofe de uma forma inovadora, nomeadamente através da criação de um quadro de comércio livre.

A UE, com a qual o Japão teve um período infeliz de relações comerciais difíceis, principalmente nas décadas de 1970 e 1980, parece ter dado um grande passo em frente na direção oposta ao aceitar o lançamento condicional de negociações sobre um acordo bilateral de parceria económica, há muito procurado por Tóquio, que receia ser empurrado para uma posição de desvantagem após a conclusão de um acordo semelhante entre Bruxelas e Seul.

O início das negociações está dependente da vontade do Japão de "abordar, entre outras, a questão das barreiras não tarifárias e das restrições aos contratos públicos", de acordo com as conclusões emitidas após a reunião do Conselho Europeu de Bruxelas, em 25 de março de 2011. A abertura dos contratos públicos japoneses aos europeus seria muito oportuna na sequência da resposta aparentemente inepta à crise nuclear de Fukushima por parte do seu operador TEPCO, alvo de críticas mordazes por parte da opinião pública japonesa, uma vez que pode ajudar a promover a introdução de tecnologias de energia nuclear mais avançadas e mais seguras provenientes da Europa.

No entanto, até ao final de junho de 2012, o Japão e a UE ainda não tinham chegado a acordo sobre o lançamento de conversações sobre um APE completo.

Do ponto de vista japonês, a eliminação antecipada dos direitos aduaneiros europeus sobre os automóveis japoneses, os televisores planos, as câmaras digitais e outros produtos industriais colocaria as empresas japonesas orientadas para a exportação em pé de igualdade com as suas congéneres sul-coreanas, cujo governo já selou um APE com Bruxelas.

Tóquio deve tirar partido da dinâmica política que se está a acumular na Europa no que respeita à abertura das conversações sobre os APE entre o Japão e a UE. O Primeiro-Ministro britânico David Cameron afirmou numa conferência de imprensa após o Conselho Europeu ■ "Creio que uma das nossas prioridades para demonstrar a nossa boa-fé é convidar o Japão a celebrar um acordo de comércio livre com a UE, que irá impulsionar a sua economia e ajudar as suas empresas a recuperar."

Nos últimos anos, a cooperação entre Tóquio e a comunidade das 27 nações- tem-se centrado, em grande medida, na agenda ecológica, como os esforços conjuntos para elaborar um quadro multilateral para fazer face ao aquecimento global e promover as energias renováveis, como a solar e a eólica. Com a mudança de atitude do público japonês para as energias renováveis, na sequência da catástrofe nuclear de Fukushima, é provável que essa cooperação seja aprofundada.

A crise no Japão pode ser o prenúncio de uma nova era nas suas relações com a UE. [4]

Entretanto, numa base país a país, a França estava ansiosa por ajudar o Japão no rescaldo imediato da catástrofe de Fukushima, com o então Presidente Nicolas

[4] Os ministros do comércio da UE acordaram, em 29 de novembro de 2012, em lançar conversações comerciais em grande escala com o Japão.
Após mais de quatro anos de negociações, chegaram a um acordo geral em julho de 2017.

Sarkozy visitou o Japão cerca de uma semana após o acidente, acompanhado por dirigentes da indústria nuclear francesa. Sarkozy reafirmou a importância da energia nuclear como instrumento para manter a independência da política energética do seu país e combater o aquecimento global numa conferência de imprensa em Tóquio, por ocasião da sua visita ao Japão.

Aparentemente, a indústria nuclear francesa, que investiu maciçamente no desenvolvimento de um reator nuclear mais seguro, o Reator Pressurizado Europeu (EPR), mas que perdeu alguma da sua vantagem competitiva devido aos elevados custos envolvidos no desenvolvimento e na construção dos reactores, considera que a situação criada pelo desastre nuclear de Fukushima constitui uma oportunidade para obter mais contratos de construção de EPR no estrangeiro.

V. O MOTIVO OCULTO DE TOKYO

Neste capítulo, o autor tenta analisar as razões que levaram o Japão a enveredar pela via da produção de energia nuclear. Isto poderá ajudar a esclarecer a história da indústria nuclear japonesa.

Sendo o único país do mundo que foi vítima de um bombardeamento atómico, o Japão tem mantido desde 1968 os seus três princípios não nucleares de não fabricar, não possuir e não permitir a entrada no seu território de armas nucleares.

O Governo japonês considera a produção de eletricidade em centrais nucleares como uma forma de utilização pacífica da energia nuclear, estritamente distinta da utilização militar da energia nuclear. No entanto, subsiste a suspeita de que a terceira proibição (que proíbe a entrada de armas nucleares no Japão) possa ter sido violada em várias ocasiões no passado, quando porta-aviões americanos entraram em portos japoneses. Washington adopta a política de não confirmar se os seus navios militares transportam armas nucleares.

Até à data, apenas dois países não europeus com centrais nucleares, o Japão e o México, não deram, em algum momento, passos no sentido de desenvolver armas nucleares, embora a maioria tenha recuado antes de lá chegar.

Mas a diferença entre a utilização pacífica e militar da energia nuclear é mínima (Yamamoto, 2011). O funcionamento das centrais nucleares gera uma quantidade não negligenciável de plutónio que pode ser convertido em armas atómicas com relativa facilidade num curto espaço de tempo.

Em primeiro lugar, o desenvolvimento da energia nuclear e a construção de reactores nucleares foram levados a cabo no contexto da "política de poder" internacional do pós-guerra.

O antigo Primeiro-Ministro Nobusuke Kishi escreveu na sua memória (Kishi, 1983):

"Embora o Japão não possua armas nucleares, pode exercer a sua influência nas questões do desarmamento e da proibição de testes nucleares na arena internacional, aumentando o seu potencial (para fabricar armas nucleares)." [5]

Na década de 1960, a China e a Índia efectuaram com êxito os seus primeiros testes nucleares, o que levou o Japão a preocupar-se com a diminuição da sua influência diplomática na Ásia. Diz-se também que Kishi ficou traumatizado na sequência de conversações com o Secretário de Estado norte-americano John Foster Dulles, que terá duvidado que o Japão estivesse numa posição

[5] Traduzido pelo autor para inglês a partir do texto japonês

suficientemente forte para tentar rever o Tratado de Segurança Japão-EUA de 1951. Aparentemente, este facto teve um efeito na vontade de Kishi de que o Japão obtivesse um potencial de fabrico de armas nucleares.

Por conseguinte, o verdadeiro motivo de Tóquio, na década de 1950, para promover a produção de energia nuclear não era satisfazer a sua procura de energia, mas sim tornar-se um país capaz de produzir armas nucleares sempre que quisesse, através da aquisição de tecnologia nuclear (Yamamoto, 2011).

Tóquio pode ter tentado ir um pouco mais longe.

O Japão estudou a possibilidade de possuir armas nucleares na década de 1960 e realizou consultas secretas com os alemães ocidentais.

Em fevereiro de 1960, um funcionário do Ministério dos Negócios Estrangeiros japonês disse a um alto funcionário do Ministério dos Negócios Estrangeiros da Alemanha Ocidental, em Tóquio, que um aumento do número de potências nucleares na Ásia poderia enfraquecer a proeza diplomática do Japão na Ásia e que o Japão possui a tecnologia para fabricar materiais para armas nucleares. O funcionário procurou então obter a cooperação de Bona, mas foi recusada. [6]

Tóquio estava aparentemente a explorar a possibilidade de possuir armas nucleares antes da entrada em vigor do Tratado de Não Proliferação (TNP) em 1970.

Entretanto, o Governo japonês tem vindo a promover o seu programa de ciclo de combustível nuclear desde 1956, injectando triliões de ienes, mas sem resultados significativos até à data. Este programa inclui o desenvolvimento do reator reprodutor rápido (FBR) "Monju", a utilização de combustível misto (plutónio e urânio) em centrais nucleares comerciais e o reprocessamento do combustível nuclear usado numa central de reprocessamento em Rokkasho, na prefeitura de Aomori, no norte do Japão. As décadas de funcionamento das centrais nucleares japonesas resultaram na acumulação de mais de 10 mil toneladas de combustível nuclear usado, tornando a sua eliminação uma tarefa urgente. Um programa de ciclo de combustível nuclear bem sucedido poderia ser uma das respostas neste contexto. Para além disso, a tecnologia de reprocessamento no

A central de Rokkasho é considerada um risco de proliferação no âmbito da Parceria Global para a Energia Nuclear (GNEP). Espera-se que o Governo japonês decida brevemente se continua com o dispendioso programa do ciclo do combustível nuclear ou se elimina diretamente o combustível nuclear usado.

VI. MUDANÇA DO CABAZ ENERGÉTICO E NOVO PARADIGMA

A catástrofe de Fukushima alterou definitivamente o cabaz energético do Japão, com a percentagem de eletricidade produzida por centrais nucleares a cair para quase zero 16 meses após o dia 3.11 e a percentagem de eletricidade produzida por centrais térmicas a aumentar de 60% para 90%, fazendo aumentar as facturas de importação de gás natural liquefeito (GNL). No entanto, existe a possibilidade de várias centrais nucleares paradas seguirem o exemplo do reator nuclear Oi n.º 3 da

6 Programa da NHK (Japan Broadcasting Corporation) intitulado "O Japão que procurou armas nucleares", que foi para o ar em 1 de outubro de 2010

Kansai Electric Power Co. e reiniciarem as suas centrais nucleares.

No entanto, a capacidade total de produção de eletricidade do Japão deverá ficar muito aquém da capacidade existente antes do desastre de Fukushima, uma vez que a grande desconfiança dos japoneses em relação à segurança das centrais nucleares torna quase impossível que a indústria nuclear japonesa regresse ao status quo ante dos dias anteriores ao 3.11. Uma sondagem do Asahi Shimbun[7] mostra que 55% dos inquiridos se opõem à reativação do reator Oi n.º 3, que, de qualquer modo, teve lugar cerca de dois meses mais tarde, no início de julho.

Os japoneses parecem estar a favor do abandono da energia nuclear. Mas continua a existir o difícil problema de lidar com o combustível nuclear usado, enquanto o desmantelamento dos reactores nucleares n.º 1 a n.º 4 da central nuclear de Fukushima Dai-Ichi será dispendioso e estima-se que demorará 30 a 40 anos a ser concluído.

Além disso, as centrais nucleares envelhecidas e perigosas construídas em linhas de falha activas são vistas como "dívidas incobráveis" das empresas de eletricidade. Se forem anuladas, muitas empresas de eletricidade cairão provavelmente numa situação de excesso de responsabilidade. O então Ministro do METI, Yukio Edano, declarou ao Asahi Shimbun[2] que é a favor de uma redução drástica do número de centrais nucleares, fixando o seu período de vida em 40 anos e abstendo-se de construir novas centrais.

Acrescentou que isto significa que haverá um, dois ou três reactores nucleares, ou mesmo nenhum reator no Japão dentro de 30 a 35 anos. [8]

Nestas circunstâncias, o Japão vê-se confrontado com a necessidade urgente de cultivar fontes de energia renováveis, como a energia solar e eólica, para substituir a perda de capacidade de produção de energia nuclear. Assim, parece quase certo que o Japão está a mudar para um novo paradigma de fornecimento de energia e, muito provavelmente, também de consumo.

Além disso, é necessário avançar para uma sociedade de baixo carbono como parte da contribuição do Japão para combater o aquecimento global.

Mas o objetivo de Tóquio de reduzir os gases com efeito de estufa em 25% em relação ao nível de 1990 parece estar em perigo. É provável que o objetivo seja reduzido.

Entretanto, o Governo japonês apresentou três opções (cenários) para escolher em termos de combinação energética e de grau de redução dos gases com efeito de estufa antes de tomar uma decisão sobre a nova política energética do país no final do verão de 2012. Isto significa que, nessa altura, será escolhida uma das três opções. As três opções são apresentadas no quadro seguinte:

Quadro 2 Opções para uma nova política energética e redução dos gases com efeito de estufa

[7] A sondagem foi realizada nos dias 14 e 15 de abril de 2012.

[8] *The Asahi Shimbun*, 23 de maio de 2012

	Share of electricity generation in 2030		Greenhouse gas emission in 2020
	Nuclear power generation	Natural energies	
Option 1	0%	35%	minus 7%
Option 2	15%	30%	minus 9%
Option 3	20-25%	25-30%	minus 10-11%
Plans and goals worked out before 3.11	45%	20%	minus 25%

Fonte: Governo japonês

As opções 1 e 2 implicam uma mudança drástica no cabaz energético do Japão, abrindo caminho a um novo paradigma. Mas vários desafios parecem estar à espreita. Entre eles, contam-se (1) a separação das redes de produção de energia eléctrica das redes de distribuição para facilitar a disseminação das energias renováveis (naturais) (atualmente, as duas redes estão combinadas e são virtualmente controladas pelas nove empresas regionais de energia eléctrica em regime de quase monopólio, como a TEPCO e a KEPCO), (2) a dissociação entre o crescimento económico e o consumo de energia e (3) a garantia da máxima segurança das centrais nucleares em funcionamento.

Na Europa, os esforços para alcançar um sector energético com baixas emissões de carbono estão bem encaminhados, com maior ênfase nas energias renováveis, embora se observe uma bipolarização em termos de dependência da energia nuclear, tal como referido no capítulo 2.

Em dezembro de 2011, a Comissão Europeia anunciou o relatório intitulado "Roteiro para a Energia 2050: é possível um sector energético seguro, competitivo e com baixas emissões de carbono" para indicar o caminho a seguir para alcançar o seu objetivo declarado de reduzir as emissões em mais de 80% em relação ao nível de 1990 até 2050 (Comissão, 2011).

O Comissário responsável pela energia, Gunther Ottinger, afirmou numa declaração à imprensa: "Só um novo modelo energético tornará o nosso sistema seguro, competitivo e sustentável a longo prazo. Dispomos agora de um quadro europeu para a adoção das medidas políticas necessárias, a fim de garantir os investimentos adequados."

A análise baseia-se em cenários, criados através da combinação de diferentes formas das quatro principais vias de descarbonização: eficiência energética, energias renováveis, nuclear e CAC (sistema de captura de carbono). O gás, o petróleo, o carvão e o nuclear figuram em todos os cenários em diferentes proporções, o que permite aos Estados-Membros manter opções flexíveis no seu cabaz energético, desde que se consiga rapidamente um mercado interno bem interligado.

Eis a repartição do consumo de energia na UE por fonte em 2009.

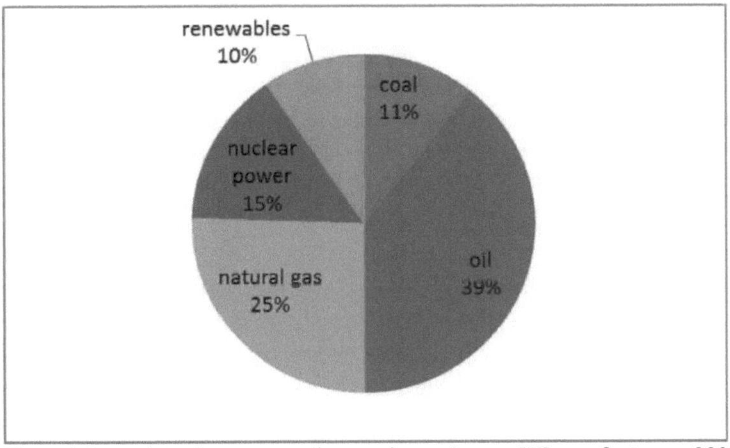

Figura 1 Repartição do consumo de energia por área na UE, por fonte, em 2009

Fonte: Eurostat, 2011

O relatório de 241 páginas afirma que a descarbonização do sistema energético é técnica e economicamente viável.

Mas o relatório aponta algumas dificuldades que a UE tem de ultrapassar. Estas incluem a substituição de muitas infra-estruturas antigas construídas há 30-40 anos, a contenção do aumento dos preços da eletricidade e o ajustamento dos sistemas de tarifas de alimentação destinados a promover a produção de energias renováveis.

A Alemanha passou por dificuldades depois de ter encerrado oito das suas 17 centrais nucleares na primavera de 2011, com as empresas de eletricidade a lutarem para manter as luzes acesas. Enfrentou a fragilidade da rede eléctrica alemã, os pedidos repentinos em fevereiro devido ao tempo frio e a oposição local à construção de novas linhas eléctricas.

A UE, tal como o Japão, parece estar a mudar para um novo paradigma energético, embora o processo esteja repleto de dificuldades > entre as quais a mais importante é garantir a segurança das centrais nucleares existentes.

Para que a energia nuclear seja segura, para que todos os riscos sejam conhecidos, o Japão e outros países que adoptam a energia nuclear precisam não só de centrais adequadamente concebidas e de procedimentos de segurança, mas também de boa governação, responsabilidade e transparência (Sovacool, 2011). O acidente nuclear de Fukushima Dai-Ichi nasceu das condições opostas, numa cultura de secretismo, incompetência e encobrimento, e talvez uma das coisas mais assustadoras do acidente seja o facto de não se tratar do pior cenário possível; no Japão, foi libertado muito menos de 1% da radioatividade nos reactores (em comparação com 3,4% da radioatividade no núcleo do reator que foi libertada no caso de Chernobyl) e apenas 5% do seu combustível nuclear foi danificado (ibid.).

VII. CONCLUSÕES

O Japão e a UE têm estado e continuarão a estar atentos à política de energia nuclear da outra parte e não terão outra alternativa senão procurar um maior desenvolvimento e uma maior utilização das energias renováveis nas próximas décadas, tendo em conta a diferença na disponibilidade de várias fontes de energia e a necessidade de combater o aquecimento global.

O desastre nuclear de Fukushima tem vindo a forçar a metamorfose da sociedade japonesa, tanto em termos das infra-estruturas energéticas e outras do país como da mentalidade da sua população. Tem também afetado a UE, tornando mais pronunciada a bipolarização da atitude das pessoas em relação à energia nuclear.

A Comissão de Ética para um Aprovisionamento Energético Seguro da Alemanha, cuja decisão levou o país a encerrar as suas centrais nucleares por fases, afirmou no seu relatório intitulado "Transição Energética da Alemanha^ Um Projeto Coletivo para o Futuro" que "O acidente em Fukushima abalou a confiança na opinião dos peritos sobre a "segurança" das centrais nucleares". O facto de a catástrofe ter ocorrido num país de alta tecnologia, como o Japão, fez com que as pessoas perdessem a confiança de que tal acontecimento não poderia ocorrer na Alemanha.

O presente documento também salientou que a UE tem ajudado Tóquio no rescaldo da catástrofe de Fukushima, fornecendo informações sobre testes de resistência, métodos de descontaminação e exercícios de segurança nuclear, etc. Uma forma de cooperação aparentemente invulgar foi a autorização da UE para iniciar conversações preliminares sobre um acordo de parceria económica com o Japão. É irónico que a crise de Fukushima esteja a revelar-se um fator de promoção de uma cooperação mais estreita entre Tóquio e Bruxelas.

O documento tentou também aprofundar o lado obscuro das circunstâncias que levaram ao início da produção de energia nuclear no Japão. Pelo menos nas décadas de 1950 e 1960, Tóquio tinha um objetivo oculto de assegurar a capacidade de produzir armas nucleares sempre que quisesse através da aquisição de tecnologia de produção de energia nuclear.

O Japão e a UE estão a mudar para um novo paradigma energético, embora a um ritmo diferente e de formas diferentes. Isto implica reduzir ou eliminar a dependência da produção de energia nuclear durante um longo período de tempo e dar maior ênfase às energias renováveis nas respectivas políticas energéticas.

Para o Japão, o processo de desnuclearização está repleto de dificuldades. Ao contrário dos países membros da UE, o Japão ainda não construiu um sistema de gasodutos viável para importar gás natural dos países vizinhos. Os países da UE podem depender do gás natural fornecido pela Rússia e pelos países do Norte de África e as suas redes eléctricas estão interligadas. Além disso, no caso do Japão, ainda não se sabe até que ponto as fontes de energia renováveis podem substituir a energia nuclear. Na sequência do 3.11, o Japão viu-se confrontado com um aumento acentuado das suas facturas de importação de GNL, o que levou a um aumento não negligenciável das tarifas de eletricidade para os consumidores e utilizadores industriais cobradas pelas empresas regionais de eletricidade. Além disso, é pouco provável que o Japão consiga levar por diante a sua política declarada de redução das emissões de gases com efeito de estufa em 25% até 2020, relativamente ao nível de 1990. Mas parece não haver outra opção para o Japão senão reduzir drasticamente as suas centrais nucleares e eliminar as que estão a envelhecer a longo prazo, dadas as grandes probabilidades de uma série de terramotos devastadores atingir o Japão nas próximas décadas. Nestas circunstâncias, um dos pontos positivos é a possibilidade de importar grandes volumes de petróleo e gás de xisto barato dos Estados Unidos. Paralelamente, a indústria japonesa irá certamente desenvolver vários sistemas de poupança e eficiência energética, enquanto o povo japonês deverá continuar a adaptar-se a um estilo de vida que consome cada vez menos energia.

No momento em que este artigo é redigido, o Japão ainda não decidiu se vai abandonar completamente a energia nuclear, com os políticos a esforçarem-se por equilibrar as preocupações de segurança ainda não resolvidas com os avisos dos círculos empresariais sobre os elevados custos do abandono da energia nuclear. Resta saber se o Japão utilizará muitos dos seus reactores nucleares, a maior parte dos quais estão encerrados por razões de segurança, enquanto aumenta a capacidade das energias renováveis.

Quanto ao futuro da energia nuclear, não se espera que os países avançados aumentem a quota da energia nuclear como fonte de energia, enquanto os países emergentes como os BRICS (Brasil, Rússia, Índia, China e África do Sul) parecem ansiosos por expandir a respectiva indústria nuclear. Por outras palavras, a bipolarização parece estar a instalar-se a nível mundial.

Além disso, há que assinalar factores específicos da indústria nuclear.

Salvo grandes desenvolvimentos tecnológicos, a energia nuclear continuará a ser uma criatura da política e não da economia, sendo qualquer crescimento uma função da vontade política ou um efeito secundário da proteção das empresas de eletricidade da concorrência aberta (Economist, 2012). O desenvolvimento de centrais nucleares apenas a mando do governo tornará mais difícil para o sector melhorar a sua cultura de segurança (ibid.).

O presente artigo tentou descrever o que se tem passado no Japão após o 3.11 e o seu impacto na UE, bem como as mudanças resultantes para um novo paradigma energético. Mas a poeira ainda não assentou e, por isso, é necessária uma investigação contínua para determinar a forma dos sectores energéticos emergentes e os seus efeitos na sociedade, tanto no Japão como na UE.

Referências

O Asahi Shimbun, várias edições

The Economist, "Special Report Nuclear Energy-The dream that failed", 10
março de 2012

Elliot, David (eds.), "Nuclear or Not? A energia nuclear tem lugar numa economia sustentável?
Energy Future?" Hampshire, Inglaterra, Palgrave Macmillan, 2007

Comissão de Ética para um Aprovisionamento Energético Seguro (Alemanha), "Germany's
Transição Energética: Um projeto coletivo para o futuro", 2011

Comissão Europeia, "Roteiro para a Energia 2050: uma economia segura e competitiva
e o sector energético com baixas emissões de carbono é possível", Dez. 2011

The Financial Times, várias edições, 2011-2012

Hubbard, Douglas, W. "The Failure of Risk Management: Why It's Broken and How to Fix it? Hoboken, Nova Jersey, Wiley, 2009

AIEA, "Plano de Ação para a Segurança Nuclear", setembro de 2011

Ishibashi, K., "Earthquake-Triggered Nuclear Power Plant Accident: Como evitar uma catástrofe", Science (Kagaku), Vbl.66, n.º 10, 2011, Iwanami Shoten, Tóquio

Comissão da Energia Atómica do Japão, Livro Branco sobre a Energia Nuclear, 2009

(http7/www/aec/go.jp/jicst/NC/hakusho2009/wp_c.pdf)
The Japan Times, várias edições
Dieta japonesa independente do acidente nuclear de Fukushima
Comissão de Inquérito, "Relatório Final", Tóquio, julho de 2012
Kishi, Nobusuke, "Memoire", Kousaido-shuppann, 1983
Murakami, Naohisa, "O acordo comercial UE-Japão é essencial", Serviços Públicos Europa, 08 de abril de 2011
O Nihon Keizai Shimbun, várias edições
Sovacool, Benjamin, K., "Contesting the Future of Nuclear Power-A Critical Global Assessment of Atomic Energy", World Scientific, Singapura, 2011
Yamamoto, Yoshitaka, "Some Thoughts on the Fukushima Nuclear Accident" (Algumas reflexões sobre o acidente nuclear de Fukushima), Misuzu Shobo, Tóquio, 2011
Von Hippel, David, Tatsuro Suzuki, James H. Williams, Timothy Savage e Peter Hayes, "Energy Security and Sustainability in Northeast Asia" Energy Policy, Vol.
39,
N.º 11, 2011
Wakisaka, Noriyuki, "Europe's Energy Shift", Iwanami Shinsho, Tóquio, 2012

CAPÍTULO 2

Lições da crise da zona euro para a Ásia" Comparação com a Abenomics e perspectivas do ACL pan-asiático emergente[9]

I. INTRODUÇÃO

A zona euro teve um início tranquilo e algo eufórico em 1 de janeiro de 1999, com a introdução da moeda única, o euro, que uniu 11 dos então 15 países da União Europeia (UE), e passou a ser considerada uma história de sucesso antes de nuvens negras começarem a ameaçar a UE como um todo, quando o choque do Lehman atingiu a Europa em setembro de 2008. A UE registou um crescimento negativo no ano seguinte, mas estava a caminho de uma recuperação na primavera de 2010, quando a Grécia se viu envolvida numa crise fiscal e de dívida. A Grécia foi seguida pela Irlanda, Portugal, Itália, Espanha e Chipre, que se tornaram os elos fracos da zona euro, numa reação em cadeia.

Porque é que estes países periféricos da zona euro se tornaram, à partida, presas dos especuladores dos mercados financeiros? Alguns académicos apontam para a fragilidade dos alicerces da zona euro, que conseguiu introduzir uma moeda única sem unificar os sistemas fiscais dos seus membros. Em retrospetiva, eu diria que a eclosão de uma crise aguda da dívida era inevitável na zona euro, que não estava equipada com um conjunto de medidas credíveis, incluindo alguma forma de mutualização da dívida, em especial entre os países membros da periferia, economicamente frágeis.

Além disso, os critérios de convergência do Tratado de Maastrichit relativos às dívidas públicas acumuladas não eram estanques. A zona da moeda única aceitou países da UE cujas dívidas públicas estavam a aproximar-se dos sacrossantos 60% do produto interno bruto (PIB).

O bloco monetário tinha vivido um período de grande tranquilidade e sucesso até que, no início de 2010, a divulgação de números falsos sobre o défice público por parte de Atenas começou a ser questionada nos mercados financeiros. A eclosão das dificuldades da zona euro deveu-se a uma complexa rede de causas que serão analisadas em capítulos posteriores.

No momento da redação do presente documento (verão de 2013), a zona euro começava a sair, ainda que lentamente, de uma recessão de 18 meses provocada pela crise. O PIB da zona euro aumentou 0,3% no segundo trimestre (abril-junho) de 2013, o primeiro crescimento em 7 trimestres. No entanto, continua a ser 3% inferior ao registado no início de 2008.

Tem sido publicada muita literatura para identificar as causas da prolongada crise da zona euro e para mostrar receitas variáveis para sair da crise. Mas o mais importante de todos é uma série de documentos políticos publicados pelo Presidente do Conselho Europeu, Herman Van Rompuy. A sua equipa propôs uma abordagem em três vertentes para pôr fim à crise e

[9] Uma versão preliminar deste artigo foi apresentada na conferência anual da European Union Studies Association Asia Pacific, em Macau, a 19 de maio de 2013.

evitar a repetição de uma crise semelhante. (Van Rompuy, 2012).

Os sinais incipientes de recuperação económica, com poucas melhorias na situação do emprego, e o torpor estival dos mercados financeiros não devem iludir os responsáveis políticos europeus, levando-os a pensar que a superação das dificuldades da zona euro está ao alcance da mão, escreve o Financial Times[10] . O jornal cita uma lista de trabalhos árduos que faltam para reparar os balanços dos bancos da região, curar a fragmentação dos seus sistemas financeiros e restabelecer o fluxo de crédito às empresas. Escusado será dizer que são necessários mais esforços para promover o crescimento e reduzir o desemprego nas economias fracas, à medida que os seus governos avançam com as reformas adiadas a muito custo na primeira década da zona euro.

Então, o que é que os asiáticos, que aspiram a uma maior integração da Ásia Oriental, podem aprender com a crise da zona euro? Talvez seja um pouco cedo para responder a esta pergunta, uma vez que a crise só começou a abrandar e ainda não está resolvida. No entanto, uma análise retrospetiva do que a zona euro atravessou nos últimos quatro anos forneceria certamente uma orientação útil para o futuro de uma Comunidade da Ásia Oriental muito falada, cuja forma e grau de integração estão ainda por determinar.

É de salientar que as economias dos principais países avançados e emergentes, bem como as das comunidades regionais, estão estreitamente ligadas entre si.

[10] *The Financial Times,* "Europe's windows of opportunity", 12 de agosto de 2013 inter-relacionadas e com grande influência mútua. Neste contexto, o artigo examina as repercussões da crise da zona euro nos países asiáticos emergentes, sob a forma de uma queda nos volumes de comércio e da retirada de créditos desses países pelos bancos europeus. Também se debruça sobre a chamada "Abenomics", uma mistura de reflação, despesas públicas e uma estratégia de crescimento destinada a tirar a economia do vigor suspenso que a atormenta há mais de duas décadas "perdidas". As três setas da Abenomics podem ser comparadas à abordagem em três vertentes dos relatórios Van Rompuy.

Por último, este artigo centrar-se-á no plano RCEP (parceria económica regional abrangente), concebido para estabelecer uma zona económica altamente integrada entre os 10 membros da ASEAN (Associação das Nações do Sudeste Asiático), bem como o Japão, a China, a Coreia do Sul, a Índia, a Austrália e a Nova Zelândia. As negociações sobre a RCEP tiveram início na primavera de 2013.

O documento tentará especular sobre a possibilidade de a RCEP evoluir para uma zona monetária e sobre a forma como as lições da crise da zona euro podem ser utilizadas.

II. ANÁLISE DA CRISE DA ZONA EURO

A crise da zona euro tem três aspectos interligados. (Shambaugh, 2012). São eles: 1) crise fiscal e da dívida soberana; 2) crise bancária; e 3) crise de crescimento e competitividade.

---

[10] *The Financial Times,* "Europe's windows of opportunity", 12 de agosto de 2013

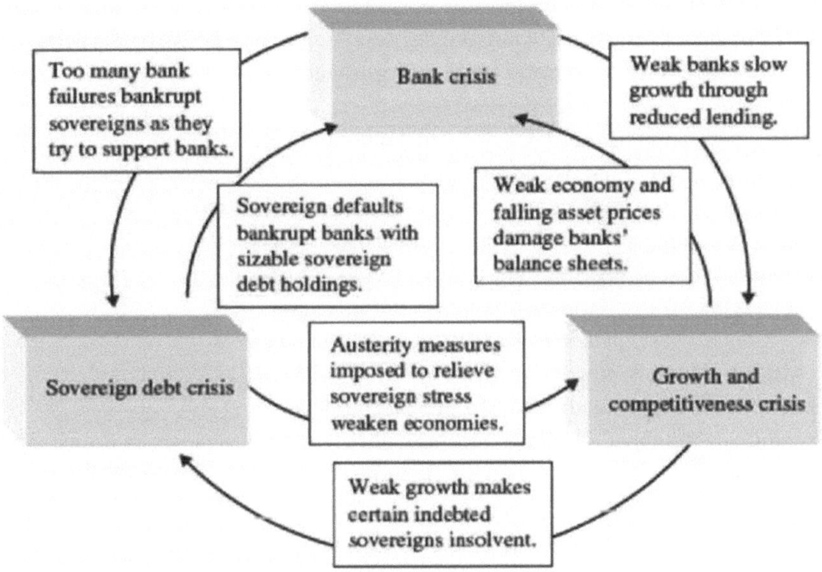

Diagrama 1 Três aspectos da crise da zona euro
Fonte: Shambaught (2012)

O primeiro aspeto (crise fiscal/de dívida soberana) veio à tona na primavera de 2010, após a revelação pelo recém-inaugurado governo socialista grego de que o seu regime antecessor tinha manipulado os números do balanço fiscal num aparente esforço para se tornar elegível para entrar na zona euro, o que levou os mercados financeiros a suspeitarem da saúde da economia grega. A UE e o Fundo Monetário Internacional (FMI) organizaram rapidamente um enorme programa de resgate para a Grécia, cujo rendimento de referência das obrigações do tesouro a 10 anos disparou, reflectindo as preocupações do mercado. A Grécia foi seguida pela Irlanda no final de 2010

e Portugal em 2011. O segundo programa de resgate para a Grécia foi acordado em março de 2012.

A implementação dos programas de resgate reflectiu a preocupação dos decisores políticos da UE/zona euro de que os incumprimentos soberanos, caso ocorram, possam levar à falência os bancos com participações consideráveis em dívida soberana, dando início a um círculo vicioso.

É de salientar que, dos três países resgatados da zona euro, a Irlanda "graduou-se", em meados de dezembro de 2013, do seu regime de resgate e depende agora totalmente dos mercados privados para satisfazer as suas necessidades de financiamento, em vez de um empréstimo oficial no final de 2013. O rendimento das obrigações do Tesouro irlandesas a 10 anos desceu abaixo dos 4%.

Embora a saída de Portugal do programa de resgate esteja prevista para meados de 2014, depois de ter recebido um resgate de 78 mil milhões de euros em maio de 2010, esta perspetiva está em dúvida porque a recessão prolongada está a dificultar o apoio ao governo liderado pelo primeiro-ministro Pedro Passos Coelho. Além disso, a crise política que levou o país à beira do colapso da administração Coelho em junho-julho de 2013 enfraqueceu a sua capacidade para fazer face a um défice orçamental de 5,5% do PIB este ano, bem como ao aumento da dívida pública, que atingiu 127% do PIB e deverá ultrapassar os 140% se os enormes passivos contingentes de Lisboa, como garantias, parcerias público-privadas e empresas públicas, se transformarem em dívida efectiva. O rendimento das obrigações do tesouro portuguesas a 10 anos era superior a 6,5% em agosto de 2013.

A Grécia continua a ser o país mais problemático da lista de países que recebem ajuda da UE e do FMI. Os seus dois resgates proporcionaram ao país 246 mil milhões de euros de financiamento de emergência, mais do que o PIB grego.

Mas, à medida que continua atolado na recessão, são escassas as perspetivas de que o país cumpra os objetivos de reforma económica e fiscal ditados pela UE e pelo FMI durante o período de três anos do programa de resgate, que deverá terminar em 2014. O FMI prevê a abertura de um buraco de 4,4 mil milhões de euros no final de 2014. Nestas circunstâncias, já se fala da necessidade de um terceiro resgate para Atenas. A Grécia enfrenta um défice de financiamento de 11 mil milhões de euros em 2014-15, depois de o seu programa de resgate expirar no próximo ano, e os seus parceiros da zona euro comprometeram-se a apoiá-la até que possa voltar a recorrer aos mercados financeiros. Neste contexto, o ministro das Finanças grego, Yanis Stournaras, disse que o seu país poderá precisar de mais 10 mil milhões de euros dos seus parceiros da zona euro, mas não espera que qualquer empréstimo venha acompanhado de condições.[11] Assim, o problema da dívida grega continuará provavelmente a assombrar os seus parceiros da zona euro.

O segundo aspeto da crise (crise bancária) atingiu a Espanha em 2012. Como mostra o diagrama triangular de Shambaugh, os bancos fracos abrandam o crescimento através da redução dos empréstimos e teme-se também que demasiadas falências bancárias levem à falência os soberanos que tentam apoiar os bancos.

Como escrevem Rana e Bloomenhofer (2013), a crise bancária na zona euro começou por se manifestar na Irlanda, mas depois alastrou a toda a região devido a preocupações com as solvências soberanas, uma vez que os governos tiveram de resgatar bancos que tinham sido arruinados pelo rebentamento de bolhas imobiliárias. Assim, a causa da crise europeia foram as políticas governamentais expansionistas em vários países, pelo menos inicialmente, e a fraca regulamentação financeira que levou a uma alavancagem excessiva, para além das falhas na conceção da União Económica e Monetária (UEM). O sistema de união bancária da UE foi concebido para fazer face a este aspeto da crise da zona euro. O sistema será apresentado em pormenor no próximo capítulo. O terceiro aspeto da crise (crise do crescimento e da competitividade) pode ser o mais difícil de resolver, porque pode não ser

[11] *Reuters*, "Greek Minister Suggests 10 bn. euros for fresh support", Atenas, 26 de agosto de 2013ong growth

resolvido através da injeção de mais dinheiro ou da criação de instituições/sistemas.

Como mostra o diagrama do triângulo de Shambaugh, uma economia fraca e a queda dos preços dos activos prejudicam os balanços dos bancos. Na pior das hipóteses, o fraco crescimento torna insolventes certos soberanos endividados e os incumprimentos soberanos levam à falência os bancos com participações consideráveis em dívida soberana, num círculo vicioso. Em primeiro lugar, o fraco crescimento económico que conduz à recessão é um produto da fraca competitividade industrial que resulta, em muitos casos, na acumulação de défices da balança de transacções correntes. Para remediar esta situação, é necessária uma reforma económica que reforce a competitividade.

De um modo geral, muitos países da periferia da zona euro registaram fortes taxas de crescimento na década de 2000. As taxas de crescimento gregas aceleraram no início da década de 2000, impulsionadas pelas despesas com os Jogos Olímpicos de Atenas em 2004, enquanto o crescimento espanhol tem sido razoavelmente elevado ao longo do período. A Irlanda também registou um forte crescimento até ser atingida pelo choque do Lehman em 2008. Por país, as taxas de crescimento da Alemanha mantiveram-se medíocres ao longo da década de 2000, com exceção da mini-explosão na segunda metade da década. A divergência de desempenhos económicos entre a Alemanha, a maior economia da zona euro, e os países periféricos precedeu a crise da dívida da zona euro. A crise tem as suas raízes tanto no desempenho da Alemanha como nas acções dos países periféricos (Lapavitsas et al, 2010)

Pode salientar-se que, no contexto dos três aspectos da crise da zona euro, existe uma sobrevalorização dos mercados livres (Mersch, 2011).

A crise financeira pôs em causa a legitimidade de mercados financeiros absolutamente livres. Como é que os mercados financeiros têm avaliado a solvabilidade dos Estados da zona euro? Os países com posições mais fracas que introduziram o euro podiam refinanciar-se aproximadamente ao mesmo custo que os Estados mais solventes. Mais concretamente, os spreads eram muito reduzidos, mesmo entre a Grécia e a Alemanha. Os mercados financeiros tornaram-se então irracionalmente pessimistas. Mesmo os Estados ricos com fundamentos económicos sólidos tinham dificuldade em se refinanciar em condições razoáveis.

Por outras palavras, pode dizer-se que os mercados financeiros nem sempre têm razão nas suas reacções, uma vez que tendem a passar de um extremo para outro, pelo menos a curto prazo. Mas, a médio e longo prazo, parecem ter um mecanismo de auto-correção.

Entretanto, na primavera de 2013, houve um debate animado sobre os efeitos de uma posição orçamental soberana no crescimento económico. Centrou-se em torno de um artigo académico publicado pelos professores da Universidade de Harvard Carmen Reinhart e Kenneth Rogoff em 2010, que tinha sido amplamente interpretado como demonstrando que o crescimento económico é suscetível de estagnar num determinado país, uma vez que o rácio da sua dívida pública em relação ao produto interno bruto excedeu um limiar de 90 por cento (Reinhart e Rogoff, 2011). Este documento, que a UE/FMI parece ter utilizado como base teórica para defender políticas de austeridade rigorosas para pôr ordem na casa fiscal dos países da periferia da zona euro que gastam muito e que ficaram atolados na crise da dívida, veio a ser contestado por académicos da Universidade de Massachusetts que demonstraram e reconheceram que os dois professores de Harvard omitiram acidentalmente alguns dados relevantes na formação dos seus resultados devido a um erro de codificação (Summers, 2013). Além disso, foram também levantadas questões sobre a forma como ponderaram as observações e os dados que utilizaram.

Summers salientou que muitos afirmaram que o debate minou as afirmações dos defensores da austeridade em todo o mundo de que os défices deviam ser reduzidos rapidamente, tendo alguns chegado ao ponto de culpar os Professores Reinhart e Rogoff pelo desemprego de milhões de pessoas. Outros acreditam que, mesmo após a revisão, os dados apoiam a ideia de que a redução do défice e do peso da dívida é importante para a maior parte do mundo industrializado, de acordo com Summers (2013).

III.ESFORÇOS DA UE PARA CONTER A CRISE DO EURO E EVITAR QUE SE REPITA

Embora os esforços da UE para conter a crise da zona euro tenham sido muitas vezes criticados como "demasiado tarde, demasiado pouco", começaram lentamente a dar frutos depois de o presidente do BCE, Mario Draghi, ter anunciado a disponibilidade do banco central para comprar quantidades ilimitadas de obrigações do Estado de um país problemático da zona euro, na condição de este concordar em arrumar a sua casa fiscal.

Peter Bexs, um alto funcionário da Comissão Europeia, mostrou a estratégia tripla da UE para conter a crise da zona euro e evitar a sua recorrência num diagrama claramente escrito que apresentou num seminário patrocinado pela delegação da UE em Tóquio, no final de novembro de 2012. O diagrama baseia-se na proposta do grupo de trabalho do Presidente da UE, Van Rompuy, e reflecte a análise de Shambaugh sobre a crise da zona euro.

Os três pilares da receita de Bexs são: 1) medidas para resolver as crises da dívida soberana através da garantia da disciplina orçamental e do reforço das regras orçamentais, da criação de barreiras destinadas a apoiar os países vulneráveis e da melhoria da governação; 2) garantia da estabilidade financeira através da criação de uma união bancária e da recapitalização dos bancos; e 3) promoção do crescimento económico através de reformas estruturais e de uma consolidação orçamental diferenciada e da melhoria da qualidade das finanças públicas. Como mostra o diagrama, as três medidas estão interligadas e, por conseguinte, destinam-se a reforçar-se mutuamente...

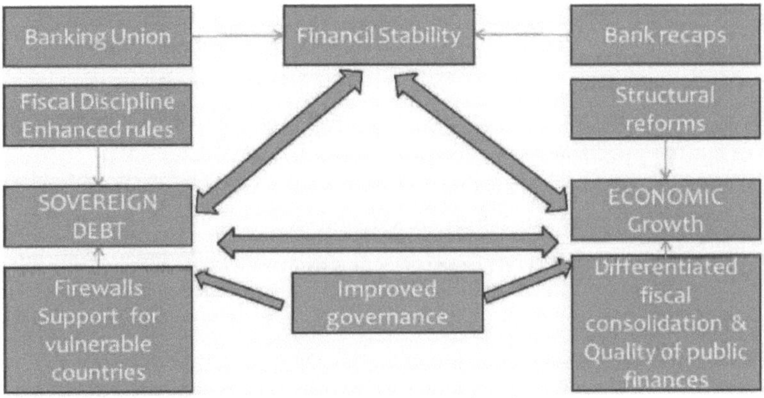

Diagrama 2 Esforços da UE para conter a crise do euro
Fonte: Bexs (2012)

O grupo de trabalho liderado pelo Presidente do Conselho Europeu, Herman Van Rompuy, apresentou a primeira versão do seu relatório intitulado "Para uma verdadeira união económica e monetária" em junho de 2012. O relatório começou por assinalar que a área do euro se vê confrontada com um ambiente internacional em rápida evolução, caracterizado pela ascensão de grandes economias emergentes, e sublinhou a necessidade de uma UEM mais resiliente e integrada, afirmando que esta protegeria os países da área do euro contra choques económicos externos, preservaria o modelo europeu de coesão social e manteria a influência da Europa a nível mundial.

A abordagem adoptada no segundo relatório do grupo de trabalho de Van Rompuy (Van Rompuy, 2012) foi dividida em 1) quadro financeiro integrado, 2) quadro orçamental integrado e 3) quadro de política económica integrada. O grupo de trabalho citou um mecanismo único de supervisão (MUS) para os bancos e um mecanismo único de resolução como os seus principais elementos. Estes dois elementos, juntamente com um mecanismo único de garantia dos depósitos bancários, deveriam formar uma união bancária que abrangesse toda a UE/zona euro. O mecanismo de resolução de crises seria financiado através de uma taxa ex ante baseada no risco aplicada a todos os bancos que participam diretamente no MUS. Deveria incluir um mecanismo de apoio comum adequado e eficaz, que poderia ser eventualmente organizado através de uma linha de crédito do MEE (Mecanismo Europeu de Estabilização) para a autoridade única de resolução.

O segundo pilar (quadro orçamental integrado) caracteriza-se por uma governação económica mais forte e uma capacidade orçamental adequada ao euro

área. O relatório afirma que teriam de ser obtidos recursos específicos para financiar ambas as funções - promover reformas estruturais e absorver choques assimétricos. Segundo o relatório, estes recursos poderiam assumir a forma de contribuições nacionais, recursos próprios ou uma combinação de ambos. A mais longo prazo, prossegue, um aspeto fundamental de uma futura capacidade orçamental, que teria de ser cuidadosamente analisado, seria a sua eventual capacidade de contração de empréstimos. Uma capacidade orçamental da zona euro poderia, de facto, oferecer uma base adequada para a emissão de dívida comum sem recorrer à mutualização da dívida soberana. Estão a ser debatidas duas formas de emissão de dívida comum: euro-obrigações comuns de prazo mais longo e euro-notas de prazo mais curto, semelhantes aos bilhetes do Tesouro dos EUA.

O Governo alemão parece opor-se veementemente à primeira, uma vez que é suscetível de conduzir a um risco moral por parte dos países em dificuldades. Por outro lado, a emissão comum pelos Estados-Membros da zona euro de dívida pública de curto prazo, com uma maturidade até 1 a 2 anos, constituiria um instrumento poderoso contra a atual fragmentação da solidez das obrigações do Estado, reduzindo o ciclo de retroação negativa entre soberanos e bancos, ao mesmo tempo que limitaria o risco moral, defende a Comissão Europeia. [12].

No âmbito do terceiro pilar (quadro de política económica integrada), o relatório Van Rompuy sublinha que, a curto prazo, é essencial concluir o mercado único, uma vez que este constitui um instrumento poderoso para promover o crescimento. Acrescenta que é necessário proceder a uma avaliação exaustiva do desempenho dos mercados do trabalho e do produto nas zonas do euro e que, na ausência de ajustamentos cambiais, o bom funcionamento da UEM exige mercados do trabalho e do produto eficientes. Isto é essencial para combater o desemprego em grande escala e para facilitar os ajustamentos de preços e custos, que são fundamentais para a competitividade e o crescimento.

No que se refere à competitividade, o relatório defende que é importante que a UE seja competitiva a nível mundial e que evite divergências excessivas de competitividade entre os seus membros, para que a UE possa continuar a ser uma economia social de mercado altamente atractiva e para preservar os modelos sociais europeus.

O relatório afirma que as reformas introduzidas no quadro de supervisão da UE através da criação do Semestre Europeu, com recomendações específicas por país, e de um novo procedimento relativo aos desequilíbrios macroeconómicos, com possíveis sanções, constituem um passo na direção certa.

Importa igualmente notar que o reforço da competitividade exige não só a redução dos custos do trabalho, mas também a promoção de inovações através de um aumento do desenvolvimento de tecnologias de ponta.

Antes da reunião do Conselho Europeu de junho de 2013, o Gabinete do Presidente do Conselho Europeu preparou uma nota de síntese sobre o ponto da situação das consultas com os Estados-Membros e os intervenientes institucionais relacionadas com os planos incorporados no documento "Para uma verdadeira União Económica e Monetária".[13] A nota refere que o relatório Van Rompuy de dezembro de 2012 apresenta um roteiro abrangente e calendarizado para a conclusão da UEM e que o roteiro assenta em quatro blocos de construção^ um quadro financeiro integrado (a "união bancária"); um quadro orçamental

[12] Comunicação da Comissão, 28, 11, 2012 COM(2012)777final

[13] Rumo a uma verdadeira União Económica e Monetária - Ponto da situação da consulta aos Estados-Membros e aos intervenientes institucionais - Nota de síntese elaborada pelo Gabinete do Presidente do Conselho Europeu, junho de 2013

integrado; e um quadro integrado para a política económica; e as medidas necessárias para assegurar a legitimidade democrática e a responsabilização.

As medidas de legitimidade democrática e de responsabilização estão na base da criação e aplicação harmoniosas dos três quadros anteriores.

A nota salienta igualmente a importância da dimensão social da União Monetária Europeia (UEM). Diz que a crise da zona euro demonstrou que as divergências financeiras e económicas duradouras, se não forem corrigidas em tempo útil, podem ameaçar a estabilidade financeira da zona euro no seu conjunto. Acrescenta ainda que o aumento do desemprego, da pobreza e da exclusão são igualmente prejudiciais para o potencial económico e a coesão social da UE. A nota refere ainda que a promoção de um elevado nível de emprego, a garantia de uma proteção social adequada, a luta contra a exclusão social e um elevado nível de educação, formação e proteção da saúde humana são parte integrante das vantagens competitivas globais da Europa.

Em segundo lugar, a nota sublinha a importância da coordenação ex-ante das reformas nacionais em todos os domínios políticos essenciais para o funcionamento da UEM, tais como o trabalho, os mercados de bens e serviços, o sector público, a fiscalidade, a educação e as pensões.

As conclusões do Conselho Europeu de junho de 2013[14] referem que, a curto prazo, a principal prioridade é concluir a União Bancária. A União Bancária é considerada fundamental para garantir a estabilidade financeira, reduzindo a fragmentação financeira e restabelecendo a normalidade dos empréstimos à economia. O Conselho Europeu acredita que é imperativo quebrar o círculo vicioso entre bancos e soberanos.[15]

A crise da zona euro diminuiu consideravelmente desde setembro de 2012, altura em que o Presidente do BCE, Mario Draghi, anunciou a intenção do banco central de comprar quantidades ilimitadas de obrigações de dívida pública de países da zona euro em dificuldades, ao abrigo da operação OMT (transacções monetárias definitivas), numa tentativa resoluta de defender a moeda única. No entanto, subsistem muitos factores de risco potenciais, incluindo a lentidão dos progressos nas reformas dos países resgatados, especialmente na Grécia, a situação política precária, com uma maioria parlamentar muito reduzida em países como a Itália e a Grécia, e taxas de desemprego quase recorde em muitos países da zona euro. A UE, por seu lado, envidou grandes esforços para pôr termo, de uma vez por todas, à crise da zona euro e evitar a repetição de uma crise semelhante. Até à data, não foram poucos os êxitos alcançados, com acordos sobre uma série de medidas de consolidação orçamental e de correção de desequilíbrios, bem como a inauguração prevista de um mecanismo único de supervisão bancária no âmbito da nascente união bancária. Mas a UE tem ainda um longo caminho a percorrer.

[14] Conclusões do Conselho Europeu, Bruxelas, 28 de junho de 2013, EUCO 104/2/13 REV2
[15] Ibid.

IV REPERCUSSÕES DA CRISE DA ZONA EURO NA ÁSIA

A crise da zona euro, que dura há cinco anos, afectou as economias fora da UE. Entre elas estão as dos países da Ásia Oriental. As repercussões da crise da zona euro nos países emergentes asiáticos começaram a fazer-se sentir a sério no outono de 2011, causando turbulência nos mercados bolsistas e cambiais asiáticos. O impacto negativo na Ásia começou a fazer-se sentir através de três canais principais^ os canais comercial, financeiro e de remessas.

A Ásia e a zona euro são importantes parceiros comerciais entre si e os dados do Eurostat de 2012 mostram que, em 2011, as mercadorias originárias da Ásia representaram 31,5% do total das importações da zona euro. Por seu turno, 23,5% das exportações totais da UE destinavam-se à Ásia. [16] No entanto, o impacto da crise da zona euro na Ásia seria provavelmente menor hoje em dia, em comparação com a crise de 2008-2009 desencadeada pelo choque do Lehman, uma vez que os mercados de exportação asiáticos se diversificaram, tendo a percentagem das exportações intra-regionais no total das exportações dos países emergentes do Leste Asiático aumentado de 36,9% em 1999 para 44,2% em 2011.[17] 1 argumentaria que uma maior interdependência entre os países emergentes do Leste Asiático poderia ajudar a preparar o caminho para a formação de uma zona de comércio livre e, possivelmente, de uma UEM na Ásia.

Quanto ao segundo canal, os dados do Eurostat mostram que a saída de IDE (investimento direto estrangeiro) da UE caiu acentuadamente em mais de 60% entre 2008 e 2010, de 383 mil milhões de euros para 145,6 mil milhões de euros, enquanto os fluxos de IDE para a Ásia também diminuíram durante o período. Além disso, no que diz respeito ao impacto da crise da zona euro nas actividades de concessão de empréstimos, os bancos europeus reduziram os seus empréstimos à Ásia em 40 mil milhões de dólares, mas este valor é relativamente pequeno quando comparado com os 220 mil milhões de dólares que foram retirados da região entre junho e setembro de 2008, aquando do choque do Lehman. [18] No que respeita ao terceiro canal, depois de ter registado um aumento muito acentuado de 29% em 2007, o crescimento das remessas provenientes da zona euro abrandou substancialmente, caindo para 14% em 2008 e registando taxas de crescimento negativas de 6% e 7%, respetivamente, em 2009 e 2010. [19] Contudo, não estão disponíveis dados sobre os fluxos de remessas da zona euro para a Ásia durante este período.

Entretanto, os saldos orçamentais dos principais países do Sudeste Asiático deterioraram-se. No caso da Malásia, o rácio entre a dívida pública acumulada e o PIB subiu para 55,5% em 2012, contra 41% em 2008, quando eclodiu o choque do Lehman. Kuala Lumpur aumentou a despesa pública para compensar os efeitos do abrandamento das exportações,

[16] Rana e Blumenhofer (2013)
[17] Banco Asiático de Desenvolvimento (2012)
[18] Rana e Blumenhofer (2013)
[19] Fonte: Programa das Nações Unidas para o Desenvolvimento (PNUD)

parcialmente provocado pela recessão da zona euro, e concedeu subsídios aos sectores da energia e dos produtos alimentares para conter os preços da energia e dos produtos alimentares.

A Tailândia também viu o rácio da dívida pública em relação ao PIB aumentar de 37% em 2008 para 44% em 2012.

Embora a Indonésia tenha visto o rácio da dívida em relação ao PIB cair para pouco mais de 20% em 2012, o seu défice orçamental tem vindo a aumentar devido ao abrandamento do crescimento, em parte provocado pelas repercussões da crise da zona euro, o que levou a cortes nos subsídios destinados a conter os preços da gasolina. Esta situação provocou um aumento de 44% do preço da gasolina e uma vaga de manifestações de protesto em grande escala nas zonas urbanas.

Neste momento, seria mais adequado destacar o impacto da crise da zona euro na China, a segunda maior economia do mundo a seguir aos Estados Unidos e a maior da Ásia. A China tem muito com que se preocupar com a crise da zona euro, uma vez que cerca de um quinto das exportações chinesas se destina à Europa. As exportações da China para a Europa diminuíram 2% nos primeiros quatro meses de 2012, em comparação com o mesmo período do ano anterior, enquanto o investimento direto estrangeiro proveniente da Europa caiu 27,9% no mesmo período, em grande parte devido à crise europeia. Embora a crise europeia tenha afetado a China através do comércio internacional e do investimento, o impacto imediato no sector bancário chinês foi limitado, uma vez que a exposição dos bancos chineses à dívida soberana europeia foi reduzida. [20] Seria útil observar que tipo de lição a China retirou da crise da dívida da zona euro. Guo Tianyong, professor da Universidade Central de Finanças e Economia da China, disse que a China deveria tirar uma lição da crise europeia, ajustando a sua estrutura económica para aumentar a sua competitividade, evitando ao mesmo tempo a dívida pública. [21]

No outono de 2011, quando a crise da zona euro se agudizou, havia grandes expectativas de que a China, dotada das maiores reservas de divisas do mundo, com mais de 3,8 biliões de dólares, pudesse vir em socorro dos países problemáticos da zona euro - Grécia, Portugal, Espanha e Itália - comprando as suas obrigações soberanas ou investindo em projectos de infra-estruturas. Mas o padrão até à data tem sido sempre o mesmo: muita retórica encorajadora, talvez até um pouco de dinheiro, mas não o suficiente para satisfazer as expectativas iniciais.[22]

De facto, a China parece encarar a crise da zona euro de uma forma fria, considerando-a não apenas como um problema económico, mas também como uma questão estratégica com um impacto a longo prazo e com consequências profundas: O enfraquecimento da Europa pode diminuir o seu papel de equilibrador no sistema internacional, enquanto a crise europeia

[20] Rede de Ressurgimento do Terceiro Mundo, "Euro crisis impacts China and beyond", n.º 261, maio de 2012, pp. 28-29

[21] Citado na Agência de Notícias Xinhua em 29 de junho de 2012

[22] The Economist, "A crise da zona euro: a China em socorro?" 29 de outubro de 2011

[14]Yaqing, qin (2012)

melhorou a posição da China na arena global. [14] O sistema económico chinês de planeamento centralizado facilita, sem dúvida, a resolução dos problemas de dívida/fiscalidade em comparação com os seus homólogos europeus.

Os investidores mundiais têm-se mostrado cada vez mais cautelosos em relação aos riscos envolvidos no investimento em países emergentes do Sudeste Asiático, tendo em conta a possibilidade de abrandamento da política monetária fácil dos Estados Unidos, para além das repercussões da crise da zona euro.

Mas, por outro lado, os países europeus parecem estar a ser afectados pelas políticas económicas dos países asiáticos, em especial pelas políticas económicas reflacionistas da Abenomics do Japão. Este facto fez subir o valor do iene japonês em relação ao euro, o que resultou no aumento dos preços das exportações da Europa.

No âmbito da Abenomics, concebida para fazer face à economia japonesa atolada na deflação e na estagnação, foram lançadas três "setas" políticas: (1) política monetária arrojada, (2) política fiscal flexível e (3) estratégia de crescimento, inspirada no ministro das Finanças do Japão de antes da guerra, Korekiyo Takahashi.

Especificamente, a política monetária arrojada apela a uma flexibilização monetária quantitativa e qualitativa, duplicando a base monetária do Japão em dois anos, a fim de alcançar uma inflação de 2%. Uma política fiscal flexível prevê um orçamento suplementar de grande- escala no valor de 10,3 biliões de ienes, que deverá aumentar o PIB do Japão em cerca de 2%. A estimativa da OCDE para o crescimento económico do Japão é de 1,4% para 2013 e 2014.

Mas a Abenomics comporta alguns riscos. São eles o risco de uma "má inflação", que pode reduzir o rendimento real e afetar o bem-estar dos cidadãos, e o risco de uma "má subida" das taxas de juro, através de uma flexibilização monetária não acompanhada de uma consolidação orçamental.

O rácio da dívida pública em relação ao PIB é de 240% no Japão, o mais elevado entre os países industrializados. Mas em termos de dívida pública líquida em relação ao PIB, desce para menos de 150% em 2013, de acordo com a base de dados das Perspectivas Económicas Mundiais do FMI. No entanto, o valor da dívida pública líquida em relação ao PIB do Japão é muito superior à média do Grupo dos Sete Países (G7) (excluindo o Japão e a Itália) e à média dos países da periferia europeia.

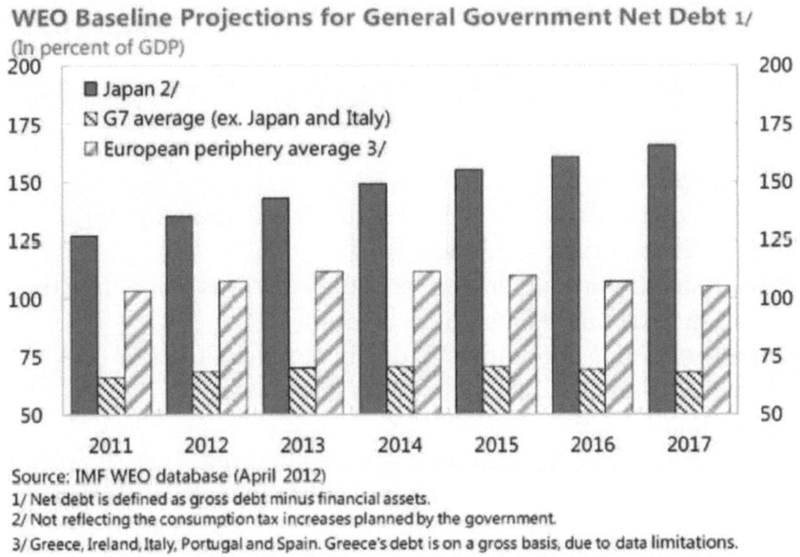

Gráfico 1 Comparação da dívida líquida do sector público administrativo

A Abenomics já começou a ter efeitos positivos. Desde a sua eleição como novo Primeiro-Ministro do Japão, em dezembro de 2012, o mercado bolsista subiu 55% e o consumo aumentou o crescimento no primeiro trimestre de 2012 para 3,5% em termos anuais e para 3,8% no segundo trimestre.

Por outro lado, a Abenomics, concebida para reflacionar a economia japonesa, pode pôr em risco a estabilidade financeira dos seus vizinhos asiáticos. Este risco pode assumir a forma de bolhas criadas pela política do Banco do Japão de aumentar a base monetária do país em 1,4 biliões de dólares até ao final de 2014, num esforço para criar uma inflação de 2% num país há muito atormentado pela queda dos preços.

Os sinais de uma potencial espuma são evidentes em toda a região: Os preços do imobiliário em Hong Kong mais do que duplicaram nos últimos quatro anos, enquanto as acções das Filipinas são agora as mais caras do mundo numa base preço/lucro[23] .

Nestas circunstâncias, os efeitos da Abenomics devem ser cuidadosamente observados. Comparando a Abenomics com o roteiro do relatório Van Rompuy, o traço comum é a necessidade de prosseguir simultaneamente a recuperação económica impulsionada pela estratégia de crescimento e a consolidação orçamental. Mas a forma de alcançar simultaneamente o crescimento e a redução da dívida implica um caminho repleto de dificuldades. A longo prazo, a forma mais eficaz de colocar a economia de novo no bom caminho parece ser uma reforma estrutural que acelere o crescimento e aumente as receitas

[23] *The Financial Times* "Asia cautious of !Abenomics! as froth begins to bubble up", 25 de maio de 2013

fiscais.

V LIÇÕES DA CRISE DA ZONA EURO PARA A ÁSIA

Analisando a crise da zona euro no início de 2013, Boyer (2013) fez as seguintes observações:

1) Há teorias macroeconómicas irrelevantes que descartam a própria possibilidade de uma crise sistémica.
2) A política é mais importante do que os conhecimentos tecnocráticos, daí a necessidade de uma arena política europeia.
3) Houve uma sobrestimação dramática dos benefícios do euro.
4) Existe um desajustamento institucional na zona euro.
5) O dinheiro pára no BCE

Em relação ao primeiro e terceiro pontos, é de notar que os participantes no debate político devem manter um ceticismo saudável em relação à análise estatística retrospetiva.

Quanto ao quinto ponto, Boyer tinha aparentemente em mente que o anúncio feito pelo presidente do BCE, Draghi, em setembro de 2012, do seu plano de OMT (transacções monetárias definitivas) para comprar quantidades ilimitadas de obrigações dos governos dos países da zona euro teve um impacto significativo na acalmia dos turbulentos mercados financeiros, embora não tivesse sido efetivamente implementado até à data da redação deste artigo.

Boyer sublinhou que a crise europeia ainda não terminou, tendo em conta a continuação da recessão e a existência de desequilíbrios estruturais.

No entanto, a situação da zona euro mudou um pouco depois de Boyer ter feito as suas observações em fevereiro de 2013. A zona euro registou um crescimento de 0,3% no segundo trimestre (abril-junho) de 2013, depois de ter estado mergulhada numa recessão durante os 18 meses anteriores, a mais longa desde a introdução do euro em 1999.

Boyer observou também que o futuro do euro depende do comportamento estratégico de uma complexa rede de actores.

Na mesma apresentação, no início de 2013, Boyer citou três lições da crise da zona euro para a Ásia.

Em primeiro lugar, salientou que não é possível qualquer integração económica sem reconciliação política. Aparentemente, tinha em mente a disputa de Tóquio com Pequim e Seul sobre a soberania de ilhas remotas e a perceção japonesa da história do tempo de guerra. Boyer não foi o primeiro a salientar a necessidade de reconciliação política (Cameron,

2012).

Relativamente ao primeiro ponto, Boyer defende que a construção supranacional não é uma ciência, mas uma arte.

Por último, sublinhou que a globalização financeira está a tornar a integração económica cada vez mais difícil. O dinheiro circula através das fronteiras e os mercados financeiros reagem frequentemente a uma "má notícia", como a deterioração do desempenho económico de um país ou o aumento do défice/dívida de um país, de uma forma extrema, e as suas repercussões tornam-se por vezes incontroláveis.

No que se refere à definição das fases de integração económica, a teoria das cinco fases de Bella Balassa é bem conhecida. As cinco fases, por ordem de desenvolvimento, são: (1) zona de comércio livre (ZCL), (2) união aduaneira, (3) mercado comum, (4) união económica e (5) integração económica perfeita. Pode considerar-se que a Comunidade Asiática proposta se enquadra na fase (1), enquanto a UE se insere na fase (4).

Centramo-nos agora nas lições que a Ásia pode retirar da crise da zona euro no contexto dos esforços da UE para ultrapassar a crise e evitar a sua recorrência. Neste ponto, voltaremos aos três pilares (quatro pilares se o aspeto da legitimidade for incluído) do relatório Van Rompuy.

Em primeiro lugar, no que diz respeito às medidas contra a crise da dívida soberana, a UE/zona euro inaugurou um Mecanismo Europeu de Estabilização (MEE) de 500 mil milhões de euros no outono de 2012, que é considerado uma rede de segurança para os países da zona euro em dificuldades. O MEE poderá ser o precursor de um Fundo Monetário Europeu (FME), uma versão europeia do FMI. A título de lição para a Ásia neste contexto, pode prever-se a criação de um Fundo Monetário Asiático (FMA). Este fundo deverá, em última análise, tornar-se um mecanismo de transferência orçamental entre os países asiáticos em causa, com base na atual Iniciativa de Chiang Mai. Trata-se de uma rede de segurança financeira multilateral na Ásia, criada entre o Japão, a China, a Coreia do Sul e os países membros da ASEAN. Além disso, recordamos que um plano FMA foi inicialmente proposto durante a crise monetária asiática, no final de 1990, pelo então Ministro das Finanças japonês Kiichi Miyazawa, mas foi rapidamente criticado e esmagado pelo Governo dos EUA, que aparentemente considerou que iria interferir na esfera de ação do FMI.

O governo japonês liderado pelo Primeiro-Ministro Shinzo Abe, que tomou posse em dezembro de 2012, apresentou planos para expandir e reforçar a Iniciativa Chiang Mai, recorrendo às enormes reservas de divisas do Japão, que totalizam cerca de um bilião de dólares. Esta iniciativa destina-se a ajudar os países do Sudeste Asiático, confrontados com a queda do valor das suas moedas em relação ao dólar, a obter fundos para intervenções no mercado cambial.[24] Aparentemente, os responsáveis políticos japoneses acreditam que a

---

[24] *The Nihon Keizai Shimbun,* "Financial safety net for Southeast Asia will be expanded by using Japan's foreign exchange reserves", 25 de julho de 2013

expansão da rede de segurança financeira asiática através da utilização das abundantes reservas de divisas do Japão deverá ajudar a estabilizar os mercados financeiros asiáticos e a controlar a crescente influência da China no Sudeste Asiático. Concretamente, Tóquio duplicará as linhas de crédito disponíveis para Jacarta e Manila ao abrigo dos acordos de swap bilaterais para cerca de 24 mil milhões de dólares e 10 mil milhões de dólares, respetivamente. Além disso, o Japão tenciona manter conversações com a Malásia, Singapura e Tailândia com vista à conclusão de acordos de swap semelhantes com estes países. O Primeiro-Ministro Abe transmitiu os planos de Tóquio para reforçar a cooperação financeira aos líderes das Filipinas, da Malásia e de Singapura durante a sua visita a três países em julho passado. Entretanto, fala-se também de transferências fiscais através da emissão de obrigações de estabilização do euro. Mas existe uma forte resistência a esta ideia, especialmente entre os alemães, receosos de serem obrigados a investir mais dinheiro dos seus contribuintes para salvar a Grécia ou outros países periféricos do Sul. Um esquema de emissão de obrigações comuns asiáticas nem sequer está a ser pensado.

Em segundo lugar, a proposta de união bancária deu um grande passo em frente no ano passado, com um acordo para criar um mecanismo único de supervisão centrado no BCE. O segundo e terceiro blocos da união bancária - a criação de um mecanismo único de resolução e a criação de um mecanismo de garantia de depósitos - ainda estão a ser debatidos. Onde encontrar dinheiro para o seu funcionamento é o maior obstáculo que impede um acordo sobre a sua criação. Parece que ainda falta muito para que os países asiáticos se encontrem numa situação em que uma união bancária ou um elemento desta possa tornar-se uma agenda realista.

Em terceiro lugar, no que respeita à sua estratégia de crescimento destinada a criar emprego através do reforço da competitividade industrial e de outros meios, a UE parece estar a lutar para encontrar um equilíbrio entre crescimento e austeridade. Os países periféricos da zona euro em dificuldades, como a Grécia e a Espanha, têm estado sob forte pressão da Alemanha e de outros países do norte da Europa para dar prioridade ao saneamento das suas finanças públicas, o que limita os seus esforços para estimular as suas economias através do aumento das despesas orçamentais. Os países do Sudeste Asiático, como a Tailândia, a Malásia, a Indonésia e as Filipinas, têm assistido a um aumento do rácio da dívida pública em relação ao PIB. No entanto, os rácios da dívida destes países são inferiores a 60%, o limiar fixado pela UE no âmbito dos critérios de convergência do Tratado de Maastricht para a entrada na zona euro. Assim, o problema do equilíbrio entre crescimento e austeridade no Sudeste Asiático não é tão grave como na UE/zona euro. Será necessário algum tempo até que a Ásia possa identificar claramente as lições a tirar da crise da zona euro, que ainda não foi resolvida de uma vez por todas.

VI A CRESCENTE COMUNIDADE ASIÁTICA ORIENTAL ALARGADA E O TPP

O presente artigo debruça-se agora sobre os movimentos de integração regional na Ásia

Oriental. Ao contrário da integração europeia, que tem sido marcada pela criação de regras e pelo desenvolvimento institucional, os movimentos de integração na Ásia Oriental têm sido marcados pela criação de vários tipos de redes, pelo menos por enquanto. Como pano de fundo, existem disparidades nas fases de desenvolvimento, um fosso de rendimentos muito maior na Ásia Oriental do que na Europa, bem como diferenças nas estruturas comerciais e no grau de abertura do mercado. A crescente integração do tipo rede envolveu, para além do comércio, áreas como a energia, a proteção ambiental, a prevenção de catástrofes, a construção de infra-estruturas, a produção e a segurança alimentar, a construção de redes de produção optimizadas, o funcionamento da cadeia de abastecimento e a prevenção de uma crise financeira.

No entanto, estão a ser tomadas novas medidas para a criação de regras na Ásia Oriental, impulsionadas pelas negociações da Parceria Transpacífica (TPP) liderada pelos EUA. A primeira ronda de negociações da RCEP teve lugar em maio de 2013 entre os 10 países da ASEAN e os seus parceiros da zona de comércio livre (ZCL): Japão, China, Coreia do Sul, Índia, Austrália e Nova Zelândia. Os Princípios Orientadores e Objectivos para a Negociação do RCEP especificam que o seu principal objetivo consiste em alcançar um acordo de parceria económica moderno, abrangente, de elevada qualidade e mutuamente benéfico, que estabeleça um ambiente de abertura ao comércio e ao investimento na região, a fim de facilitar a expansão do comércio e do investimento regionais e contribuir para o crescimento e o desenvolvimento económico mundial.[25] . As negociações do RCEP deverão estar concluídas até ao final de 2015. Os 16 países participantes têm mais de 3 mil milhões de habitantes e um PIB combinado de cerca de 17 biliões de dólares americanos. Representam cerca de 40% do comércio mundial.

Especificamente, o RCEP abrangerá o comércio de mercadorias, o comércio de serviços, o investimento, a cooperação económica e técnica, a propriedade intelectual, a concorrência, a resolução de litígios e outras questões. Juntamente com o TPP, o RCEP é um possível meio-termo em direção à zona de comércio livre da Ásia-Pacífico (FTAAP). A TPP e a RCEP são consideradas como vias paralelas de integração regional que se reforçam mutuamente.

A quota intra-regional de 13 países da Ásia Oriental tem vindo a aumentar, situando-se atualmente em cerca de 55%, o que é comparável à dos antigos 15 países da UE.

Por conseguinte, a RCEP pode servir de base e de primeiro passo para uma união monetária na Ásia Oriental. A formação de uma zona monetária óptima na Ásia Oriental é desejável, mas a falta de empenho político e de experiência em matéria de cooperação política na Ásia Oriental parece ser, por enquanto, o obstáculo decisivo. A ausência de solidariedade política entre os países da Ásia Oriental, ao contrário do que aconteceu com os países europeus no período que antecedeu a introdução do euro, pode dificultar a superação das grandes disparidades que subsistem entre os países da Ásia Oriental em termos de níveis de desenvolvimento, população, rendimento per capita e instituições económicas e políticas

[25] aprovado pelos ministros da RCEP em agosto de 2013

(Baek e Song, 2002).

Nestas circunstâncias, uma abordagem do tipo "big bang" para a formação de uma união monetária através de uma criação única de instituições relevantes parece inadequada, ao contrário do que acontece no caso da Europa.

Com base no índice composto dos critérios OCA[26] , começar por subgrupos homogéneos parece ser viável 3 (Malásia, Singapura e Hong Kong), 4 (Malásia, Singapura, Hong Kong e Taiwan), 6 (Malásia, Singapura, Hong Kong, Taiwan, Tailândia e Brunei) (Han e Lee, 2010). Mas, numa fase posterior, é provável que o Japão e a China desempenhem papéis de liderança, tendo em conta a dimensão das suas economias e as suas enormes reservas de divisas. De momento, poderá ser necessário reforçar a cooperação monetária para preparar o caminho para uma quase união monetária.

Uma união monetária da Ásia Oriental que possa vir a ser criada com base na RCEP necessitará de sistemas financeiros fortes e de políticas sólidas de salvamento dos governos para evitar a recorrência de uma crise financeira semelhante à de 1997. Neste contexto, os países da Ásia Oriental podem tirar lições valiosas da UE, onde estão a ser debatidas propostas para uma união bancária e um sistema de transferência fiscal.

Para além do RCEP, a Ásia Oriental poderá criar uma moeda comum e esta moeda flutuará em relação às principais moedas do mundo, como o dólar americano e o euro (Barro e Lee, 2011). O novo banco central conjunto poderia então adotar uma política monetária para estabilizar a taxa de inflação média regional a um nível baixo, através de meios como a fixação de objectivos para a inflação (ibid.).

Para os países que planeiam aderir a uma união monetária, seria importante avaliar os custos e os benefícios. A este respeito, os critérios de uma área monetária óptima (ACO) poderiam servir como critérios úteis para avaliar a viabilidade de se tornar membro de uma união monetária. Entre eles, contam-se (i) uma integração substancial nas transacções comerciais e financeiras com os membros da união monetária, (ii) elevados movimentos conjuntos de preços e de produção com as outras economias, (iii) elevada mobilidade da mão de obra na zona monetária, (iv) afinidade política relativamente estreita com os potenciais parceiros (ibid.). .

Barro e Lee (2011) calcularam o rácio médio das exportações e importações em relação ao PIB dos países da Ásia Oriental para o período de 1990-2007 com outros países da Ásia Oriental (ver Quadro 1).

Quadro 2 Rácio comércio bilateral/PIB para a Ásia Oriental

[26] O Índice Composto dos critérios da OCA foi concebido para determinar os candidatos viáveis à formação de uma união monetária.

Economy	Trading Partners			
	U.S.	Europe	East Asia	World
China (PRC)	3.2	3.1	10.4	22.1
Hong Kong, China	17.1	15.8	86.4	128.8
Indonesia	2.9	3.7	13.6	24.3
Japan	2.2	1.4	3.7	9.5
South Korea	5.4	3.8	12.5	29.3
Philippines	8.6	5.1	19.9	38.0
Singapore	23.1	20.0	79.1	149.4
Taipei, China	8.4	5.7	21.8	42.8
Thailand	6.7	6.7	23.1	46.5
average	9.2	7.7	31.8	57.5

Fonte^ re-citado do quadro de Barro e Lee (2011) com dados derivados da Direção de Estatísticas do Comércio (DOTS) do FMI e da base de dados CEIS.

O quadro mostra que a Ásia Oriental parece bastante favorável para uma APC em termos do seu grau substancial de comércio intra-regional. Para 10 economias da Ásia Oriental, incluindo o Japão, o rácio médio comércio/PIB com outros parceiros da Ásia Oriental é de 31,8%, muito mais elevado do que o rácio médio comércio/PIB intra-regional de 21,8% para 18 países europeus.

Por conseguinte, a RCEP pode servir de base e de primeiro passo para uma união monetária na Ásia Oriental. Mas isso não significa que a Ásia Oriental já seja uma ACO. A formação de uma ACO na Ásia Oriental é desejável, mas convém sublinhar novamente que a falta de empenhamento político e de experiência em matéria de cooperação política na Ásia Oriental parece ser, por enquanto, o obstáculo decisivo.

VII. CONCLUSÃO

Passaram cinco anos desde que o choque do Lehman atingiu a Europa, em setembro de 2008, e três anos e meio desde que a crise fiscal/dívida eclodiu na Grécia e se alastrou depois à periferia da zona euro. No momento em que escrevemos este artigo, no verão de 2013, a crise da zona euro diminuiu e a zona monetária está a emergir lentamente de uma recessão prolongada. Daqui a dez anos, em retrospetiva, a crise da zona euro poderá ser vista como um episódio amargo na longa epopeia da integração europeia.

Existem problemas comuns à Europa e à Ásia, como os enormes défices orçamentais, o quebra-cabeças austeridade vs. crescimento e a vulnerabilidade a um risco sistémico no sector bancário.

De facto, há lições a tirar da crise da zona euro para a Ásia. Entre as identificadas no presente documento, com base na análise das causas da crise e no exame minucioso de uma série de medidas debatidas na UE, contam-se: 1) a criação de um sistema de salvamento intra-regional para um país altamente endividado, através de um sistema de transferência fiscal; 2) a criação de uma união bancária, começando por um mecanismo de supervisão único; e 3) a criação de instituições como um Banco Central Asiático. Um sistema de transferência fiscal poderia ser construído com base na Iniciativa de Chiang Mai multilateralizada, enquanto o Banco Asiático de Desenvolvimento, sediado em Manila, poderia servir de trampolim para um banco central asiático.

De notar também que Boyer (2013) enumerou o que os asiáticos poderiam aprender com a Europa. São elas: 1) a necessidade de reconciliação política no processo de integração económica; 2) o facto de a globalização financeira estar a tornar a integração económica cada vez mais difícil; e 3) a necessidade de considerar a construção supranacional como uma arte e não como uma ciência.

As negociações sobre a Comunidade da Ásia Oriental mais alargada, designada por RCEP, tiveram início na primavera de 2013. Se for concluída, poderá ser um meio-termo para uma união monetária na Ásia Oriental a longo prazo. Uma união monetária da Ásia Oriental poderia começar com subgrupos homogéneos, mas acabará por ter de incorporar o Japão e a China, tendo em conta o seu peso económico, se quiser ser uma força a ter em conta no mundo. Mas o processo rumo a uma união monetária do Leste Asiático parece estar repleto de obstáculos e poderá ser um caminho longo e sinuoso, devido às grandes divergências dos indicadores económicos e às dificuldades de reconciliação política entre o Japão e a China. Por outras palavras, as perspectivas de uma união monetária na Ásia Oriental dependerão da evolução futura das condições económicas e políticas. (Barro e Lee, 2011). Entretanto, é necessário reforçar a cooperação Ásia-Europa em matéria comercial e financeira através da revitalização do mecanismo ASEM (Asia-Europe Meeting). As duas partes podem trocar conhecimentos sobre um sistema de rede de segurança financeira e a UE pode sugerir formas viáveis de integração da Ásia Oriental. Estas iniciativas poderiam contribuir para fazer avançar o processo de união monetária da Ásia Oriental.

REFERÊNCIAS-

Banco Asiático de Desenvolvimento, "How Can Asia Respond to Global Economic Crisis and Transformation?" 2012

Barro, Robert J. e Jong-Wha Lee, "Costs and Benefits of Economic Integration in Asia", Oxford University Press, 2011

Bexs, Peter "The European sovereign debt crisis and the future of the euro", apresentação no Fórum Aberto Japão-UE, em Tóquio, a 30 de novembro de 2012

Baek, Seung-Gwan e Chi-Young Song, "Is Currency Union a Feasible Option in East

Asia", em Han-Kwang Chu e Yungjong, Wang (eds.) Currency Union in East Asia, KIEP, 2002

Boyer, Robert, "Origins, Unfolding and Ways out of the Euro Crisis", apresentação na conferência da Japan Science Foundation em Tóquio em 18 de fevereiro de 2013

Cameron, Fraser, "The European Integration Model's relevance for Asia?", comunicação apresentada numa conferência internacional realizada na Universidade Aoyama Gakuin, Tóquio, Jan. 2011

Economist "What Angela isn't say-Europe's bailout programs", Aug. 10, >2013

Han, Kwangsuk, e Lee, Yeonho, "East Asian Monetary Integration and the Índice composto dos critérios da OCA, " 2010

Kaji Sahoko, "Growth Strategies-Fiscal Consolidation in Japan", apresentação no Fórum Aberto Japão-UE em Tóquio, 30 de novembro de 2012

Lapavitsas, Costas et al, "Eurozone Crisis^ beggar thyself and thy neighbor" Journal of Balkan and Near Eastern Studies, Vol 12, No. 4, 2011

Mersch, Yves, "Área óptima do cirremcu revista", RSCAS Distinguished Lectures, 2011

Rana, Pradumna B. e Michael Blomenhofer, "The Eurozone Crisis and its Impact on Asia", RSIS Working Paper, S. Rajajaratnam School of International Studies, Singapura, 6 de fevereiro. 2013

Reinhart, Carmen, e Rogoff Kenneth, "The Forgotten History of Economic Debt", *The Economic Journal,* 2011

Reinhart, Carmen, e Rogoff, Kenneth, "Austerity is not the only answer to a debt problem", *The Finanncial Times,* 2 de maio de 2013

Shambaugh, Jay C. "The Euro's Three Crises", *documento da Brookings sobre a atividade europeia,* 2012

Shin, Min Lee e Rhee Yeongseop, "Recent changes of OCA Indexes of East Asia," *Asia-Pacific Journal of EUStudies,* Vol. 10, No.2, 2013

Summers, Lawrence, "The buck does not stop with Reinhart and Rogoff", The Financial Times, 5 de maio de 2013

Van der Noo, Paul e Szekely, Istyan P., "Economic Crisis in Europe", EU Information Series, Routledge, Oxon, 2011

Van Rompuy, Herman, "Towards a Genuine Economic and Monetary Union", dezembro de 2012

Willett, Thomas D., "Asian Monetary Cooperation^ Perspectives from the Common Currency Area Analysis", *Singapore Economic Review,* Vol. 55, No.l., 2010

Wolf, Martin, "Austerity loses an article of faith", *The Financial Times,* abril 26, 2013

Yaqing, Qin, "How the European crisis impact China?, > *The Euro Future ProjectVaper* Series, novembro de 2012

CAPÍTULO 3

Rethinking Impacts on the EU and Japan of the U.S. Shale Revolution (Repensar os Impactos da Revolução do Xisto nos EUA na UE e no Japão): Mudanças no paradigma energético mundial[27]

I. INTRODUÇÃO

Os avanços tecnológicos no domínio da fracturação hidráulica e da perfuração horizontal por pequenas e médias empresas empreendedoras abriram as reservas de petróleo e gás de xisto nos Estados Unidos. Como resultado, a produção de petróleo bruto dos EUA aumentou cerca de 50% desde 2008. O país está a caminho de se tornar o maior exportador de petróleo do mundo em 2017, de acordo com a Agência Internacional de Energia (AIE).

A produção de petróleo bruto dos EUA atingiu 8,87 milhões de barris por dia no início de setembro de 2014, contra 5 milhões de b/d em 2008.

Mas a produção de crude dos EUA em agosto de 2014 foi ainda inferior à da Arábia Saudita, com cerca de 9,7 m b/d, ou à da Rússia, com 10,1 m b/d. [28]

Além disso, os Estados Unidos são atualmente o maior produtor mundial de gás natural. Produziu 19,3 mil milhões de metros cúbicos de gás natural, o que representa uma quota de 20% da produção mundial.

A revolução do xisto nos EUA não só está a alterar drasticamente o quadro mundial da oferta e da procura de energia, como também está a ter um impacto considerável na economia e na política internacionais.

Resumindo

William Martin, conselheiro especial do antigo presidente dos Estados Unidos Ronald Reagan, afirmou: "O gás de xisto está a provocar mudanças geopolíticas". O facto de os Estados Unidos estarem prestes a poder satisfazer sozinhos a sua procura de energia está a alterar os fluxos comerciais de petróleo e de gás no mundo e é suscetível de provocar uma reestruturação das relações internacionais.

A revolução do xisto nos EUA foi desencadeada por muitos factores auspiciosos relacionados com a geologia, os benefícios fiscais e a

[27] Uma versão preliminar deste artigo foi apresentada na conferência anual da European Union Studies Association Asia Pacific, realizada em Mellbourne, Austrália, em 1 de maio de 2014

[28] The Financial Times, "Shale boom to put US on top of petroleum output league", 30 de setembro de 2014

existência de uma indústria de serviços vibrante (Stevens, 2010). Existem sérias dúvidas sobre se estas condições favoráveis podem ser reproduzidas fora dos Estados Unidos, em particular na Europa Ocidental, onde existe um grande interesse (ibid.). Na Europa, a geologia não é tão favorável como nos Estados Unidos, não existem benefícios fiscais e o sector dos serviços de perfuração em terra está muito aquém do seu homólogo americano. Concretamente, eis como a revolução do xisto nos Estados Unidos desencadeou uma cadeia de acontecimentos que se pode designar por efeito dominó [29]

(1) O Qatar, um importante produtor de gás natural, aumentou as suas exportações de gás natural para a Europa, uma vez que o seu anterior principal comprador, os Estados Unidos, já não precisa do gás do Qatar devido à revolução do gás de xisto.

(2) A Europa está a reduzir as suas importações de gás natural da Rússia, que por sua vez tenta aumentar as suas vendas de gás aos países asiáticos, incluindo o Japão e a China.

(3)O Japão, perturbado pelo aumento acentuado dos preços do gás natural importado do Qatar na sequência da catástrofe nuclear de Fukushima, em 2011, está a fazer tudo para diversificar as suas fontes de gás natural, tendo em vista o gás de xisto dos EUA.

Para além dos Estados Unidos, existem ricas reservas de gás/petróleo de xisto espalhadas por todo o mundo. O mapa mundial seguinte mostra uma imagem aproximada da bacia de gás global com os principais detentores de reservas.

[29] A teoria do efeito dominó parte do princípio de que, se um Estado de uma região for influenciado pelo comunismo, os países vizinhos seguir-lhe-ão o exemplo, num efeito dominó. A teoria foi utilizada pelas sucessivas administrações americanas para justificar a sua intervenção militar durante a Guerra Fria, em especial no Sudeste Asiático.

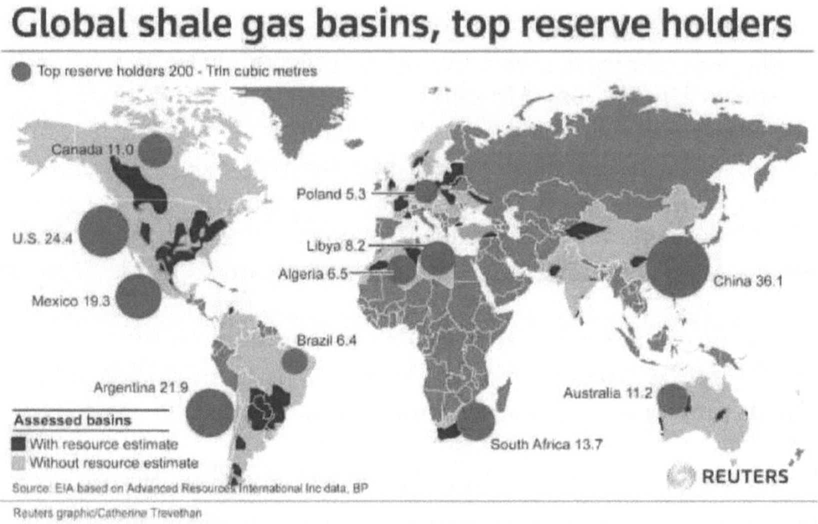

Diagrama 1

Eis a repartição por país das reservas recuperáveis de gás de xisto (triliões de pés cúbicos, fontes: USEIA)

Figura 1

Repartição por país das reservas recuperáveis de gás de xisto (Tcf. Fontes: USEIA, BP)

Ranking	Country	Volume	Ranking	country	Volume
1	China	1,275	7	Canada	388
2	USA	862	8	Libya	290
3	Argentina	774	9	Algeria	231
4	Mexico	681	10	Brazil	226
5	South Africa	485	11	Poland	187
6	Australia	396	12	France	180

Depois de identificar os efeitos de dominó da revolução do xisto nos EUA em todo o mundo, o presente documento centrar-se-á nas situações específicas da Europa, do Japão, da Rússia e da China, por esta ordem, antes de lançar luz sobre a metamorfose em curso da estrutura mundial da oferta e da procura de energia, cujos impactos estão agora a repercutir-se nos cenários político e económico internacionais.

II. A EUROPA ESTÁ A PERDER COMPETITIVIDADE INDUSTRIAL

A Europa parece lenta a reconhecer como a revolução do xisto nos EUA afectará a sua indústria. "Até agora, não conseguimos compreender as implicações da revolução do xisto dos EUA para a Europa", afirmou Paulo Scaroni, presidente executivo da ENI italiana.[30]

Em termos de geologia na Europa Ocidental, os principais alvos são a Polónia, a Alemanha, a Hungria, a Roménia, a Turquia e o noroeste de Inglaterra (Stevens, 2010). Por exemplo, a Conoco-Philips e a Chevron, ambas dos Estados Unidos, assinaram ou estão a negociar acordos de exploração de gás de xisto nas bacias de Lublin e Podlasie, no sudeste da Polónia.

Por outro lado, espera-se que a Europa beneficie da importação de gás de xisto barato dos EUA. No entanto. A indústria europeia permaneceria numa posição de desvantagem em termos de competitividade. As empresas americanas pagam cerca de 3,50 dólares por milhão de BTU pelo seu gás natural, cerca de um terço do que pagam os europeus. Se os Estados Unidos exportarem quantidades significativas de gás de xisto para a Europa, quando este for liquefeito, transformado e gaseificado, será duas vezes mais caro do que nos Estados Unidos. Por outras palavras, as empresas europeias pagariam cerca de 8-9 dólares pelo gás natural, contra os actuais 11-12.

Entretanto, as atitudes em relação ao desenvolvimento/exploração do gás de xisto variam de país para país.

A França, que possui as maiores reservas de gás de xisto da Europa, está reticente quanto ao desenvolvimento do gás de xisto devido a preocupações ambientais. O Presidente François Hollande não permitirá a exploração de gás de xisto durante o seu mandato de cinco anos. A Alemanha também parece estar a ser cautelosa, uma vez que os fabricantes de cerveja do país estão preocupados com uma possível poluição da água.

Por outro lado, a Polónia, a Roménia e outros países da Europa Oriental, bem como a Grã-Bretanha, estão ansiosos pelo desenvolvimento do gás de xisto.

A União Europeia, por seu lado, está a promover cautelosamente o desenvolvimento do gás de xisto. A Comissão Europeia, o seu braço executivo, anunciou em 2013 as suas directrizes sobre o desenvolvimento do gás de xisto no espaço da UE.

Na secção introdutória, o autor citou algumas condições desfavoráveis para a Europa no que respeita ao desenvolvimento/exploração do gás de xisto em comparação com os Estados Unidos, nomeadamente no que respeita à geologia, aos benefícios fiscais e à existência de uma indústria de serviços dinâmica.

Para além da questão geológica, a Europa enfrenta um grande problema potencial: a geologia do gás de xisto é muito menos promissora do que nos Estados Unidos
Estados com os depósitos em geral mais profundos, as bacias mais pequenas e o xisto mais rico em argila, o que torna estes depósitos menos passíveis de fracturação (Stevens, 2010).

Quanto à falta de uma indústria de serviços em terra competitiva e dinâmica para a

[30] The Financial Times, "Europe is being hobbled by its expensive energy", 31 de outubro de 2013

produção de gás de xisto na Europa, uma grave escassez de plataformas atesta a posição desvantajosa da Europa Ocidental. Em abril de 2010, parecia haver apenas cerca de 100 sondas terrestres na Europa Ocidental, em comparação com cerca de 2 515 sondas activas nos Estados Unidos em 2008 (ibid.).

As preocupações ambientais com o desenvolvimento/exploração do gás de xisto parecem ser acentuadas em França, especialmente no que se refere à gestão da água. Além disso, existe a possibilidade de a fracturação hidráulica poder libertar radioatividade natural (ibid.).

Para além do efeito da revolução do xisto nos Estados Unidos, outro fator que prejudica a Europa em termos de competitividade industrial é o custo adicional cobrado aos consumidores para cobrir os mais de 30 mil milhões de euros de incentivos ao investimento em energias renováveis que os países europeus gastam todos os anos. Por exemplo, na Alemanha, o peso dos custos é um grande problema na transformação para as energias renováveis. Atualmente, a eletricidade na Europa é duas vezes mais cara do que na América.

Além disso, a energia europeia tornou-se mais suja com um aumento acentuado das importações de carvão vapor dos EUA, destinado a cobrir parcialmente o efeito de um encerramento de centrais nucleares na Alemanha, que deverá estar concluído em 2022. Nos Estados Unidos, o gás limpo e barato tem vindo a substituir o carvão na produção de eletricidade. Apesar do aumento dos custos da energia, a UE pretende aumentar o rácio das energias renováveis no consumo de energia para 27% até 2030, em comparação com o objetivo atual de aumentar o rácio para 20% até 2020.

De acordo com a AIE, os preços elevados da eletricidade e do gás na UE deverão atormentar a indústria europeia, em especial a siderurgia, a petroquímica e outros sectores de elevada intensidade energética que empregam cerca de 30 milhões de pessoas, pelo menos durante os próximos 20 anos.

A política energética da UE parece estar numa encruzilhada, confrontada com o enfraquecimento da sua competitividade industrial e com a necessidade de promover o combate ao aquecimento global.

III. A VONTADE DO JAPÃO DE IMPORTAR GÁS DE XISTO DOS EUA

Na sequência do desastre nuclear de Fukushima, em 2011, a produção de energia nuclear no Japão foi interrompida, não havendo nenhuma central em funcionamento no momento da redação deste documento. Isto resultou numa maior procura de gás natural, com o rácio de gás na produção de energia a saltar de 27% no ano fiscal de 2011 para 47% no ano fiscal de 2012. Os valores comparáveis são de 31% para 2% no caso da energia nuclear. Para compensar o défice, o Japão teve de comprar gás natural à vista no Qatar a 17 dólares por mBtu, em comparação com 3 dólares nos Estados Unidos. Esta situação provocou um forte aumento do défice comercial do Japão. O Japão registou o maior défice comercial de sempre, de cerca de 10,4 biliões de ienes, em 2014, uma reviravolta acentuada em relação a um excedente comercial de mais de 14 biliões de ienes em 2007.

Em primeiro lugar, o Qatar tinha aumentado a sua capacidade de produção de GNL em

2,5 vezes em 2009-2011, antecipando uma maior procura por parte dos EUA, que não se concretizou.

É provável que as importações japonesas de gás de xisto dos EUA comecem em 2016 ou 2017. Prevê-se que o volume venha a atingir 20% das importações de GNL do Japão. Isto permitirá a diversificação das fontes de abastecimento de gás natural do Japão. Daniel Yergin, autor de "The Quest", estima que o preço do gás de xisto dos EUA para exportação para a Ásia rondará os 12 dólares, se os custos de liquefação e transporte forem adicionados ao preço de referência dos EUA de cerca de 4 dólares.

Uma vez que o gás natural, quando queimado, emite menos 25% de CO2 do que o petróleo e menos 40% de CO2 do que o carvão, as importações de gás de xisto limpo dos Estados Unidos deverão ajudar o Japão a diminuir a sua dependência dos combustíveis fósseis, indispensáveis para combater o aquecimento global.

Os preços do gás natural na Ásia Oriental continuam a rondar os 14,50 dólares por mBtu. O preço a preços Henry Hub (a junção de referência na rede de gasodutos dos EUA) mantém-se em cerca de 4,10 dólares, apesar de alguns aumentos de preços recentes. Os Estados Unidos disporiam de uma capacidade total de exportação de cerca de 300 milhões de toneladas por ano.

IV. A RÚSSIA PODE PERDER O SEU PODER DE INFLUÊNCIA

A Rússia é um ator central no mercado internacional do gás.

O Presidente russo Vladimir Putin afirmou que a América e o Canadá são novos actores no mercado internacional do gás graças à revolução do xisto.

A procura europeia de gás russo caiu 9,9% em 2011 devido à crise da zona euro e às exportações americanas de carvão barato para a Europa. No entanto,

A Europa e as antigas repúblicas soviéticas continuam a ser os principais destinos das exportações de gás natural da Rússia.

A estratégia de Putin em matéria de exportação de gás natural está a mudar, colocando a tónica na Ásia-Pacífico como um importante mercado de exportação e diversificando os métodos de exportação através da construção de instalações de GNL. Em suma, estão a ocorrer a viragem para leste e a viragem para o GNL.

O acordo sino-russo sobre o fornecimento de gás natural, celebrado em maio de 2014, prevê que a Rússia forneça 30 mil milhões de metros cúbicos de gás à China por ano, durante 30 anos.

No que respeita ao Japão, existem atualmente três projectos de gás natural russo-japoneses;

1) O plano da Gazprom para desenvolver uma jazida na Sibéria Oriental, construir um gasoduto de 3 800 quilómetros através de Vladivostock e construir uma fábrica de GNL até 2017.
2) O projeto da Rosneft de liquefazer o gás produzido nos campos de gás de Sakhalin 1

para exportação para o Japão e outros países, em parceria com empresas estrangeiras, como as dos Estados Unidos e da Índia.

3) Um projeto ártico para desenvolver campos de gás na Península de Yamal e liquefazer o gás para exportação através do Ártico para o Japão e a China.

No entanto, é de notar que a Rússia está a sofrer de uma fraca competitividade nos mercados de gás da Ásia-Pacífico devido aos preços mais elevados em comparação com os produtos australianos e do Qatar.

Prevê-se que os preços do gás na Ásia desçam para cerca de 7,5 dólares por mBtu até 2020-30, em comparação com o preço estimado da jazida de gás de Sakhalin 2, que é de cerca de 11,2 dólares.

A Rússia pode estar a perder a sua influência. Mas há um limite para o volume de gás natural que os Estados Unidos podem enviar para a Ásia. Daí a importância da Rússia em termos de garantir o volume de fornecimento de gás aos países asiáticos.

V. A CHINA TEM AS MAIORES RESERVAS DE GÁS DE XISTO

Estima-se que a China tenha as maiores reservas de gás de xisto do mundo, ultrapassando as dos Estados Unidos. Foram iniciadas perfurações exploratórias em mais de 20 locais na China (Asahi Shimbun, 2012).

O Ministério do Território e dos Recursos da China tem como objetivo aumentar a sua capacidade total de produção de gás de xisto para 3'5 bcm a partir de 10'15 campos de gás de xisto dominantes até 2015. Está prevista uma nova expansão para 15-30 bcm a partir de 20-30 campos dominantes até 2020. Isto tornaria a produção de gás de xisto equivalente a cerca de 8-12% da produção anual total de gás natural a nível nacional.

A China atribui grande importância à segurança energética para alimentar o seu elevado crescimento económico. A CNOOC planeia comprar uma empresa de gás canadiana. Pequim e Washington chegaram a acordo sobre a investigação conjunta do gás de xisto durante a visita do Presidente Obama à China, em novembro de 2011. A China pretende obter dos Estados Unidos tecnologias de exploração de gás e outras tecnologias, enquanto este país está a incentivar as empresas americanas a avançar para a China para se envolverem em projectos de gás de xisto

Mas a China enfrenta obstáculos antes de iniciar a produção de gás de xisto em grande escala: 1) as concessões de gás estão concentradas em zonas interiores com pouca água, 2) a tecnologia de exploração principal parece estar numa fase de desenvolvimento imatura, 3) as perspectivas comerciais não são claras.

No entanto, Pequim parece ter usado como moeda de troca a própria existência de abundantes reservas de gás de xisto nas negociações de importação de gás natural com a Rússia.

VI. METAMORFOSE DA ESTRUTURA MUNDIAL DA OFERTA E DA PROCURA DE ENERGIA

O gás não convencional, como o gás de xisto, é um importante fator de mudança que terá implicações significativas nos equilíbrios globais da oferta e da procura e na forma como os mercados do gás funcionam em conjunto com a geopolítica subjacente.

O panorama energético mundial está a mudar rapidamente, como salientou a AIE no seu World Energy Outlook 2013. Alguns princípios de longa data do sector da energia estão a ser reescritos, com os países a trocarem de papéis.

Por exemplo, os importadores estão a tornar-se exportadores, enquanto os exportadores estão a tornar-se grandes fontes de procura. A AIE salientou também que as soluções a longo prazo para os desafios globais continuam a ser escassas.

Devemos ter em conta que vivemos num mundo em que 2,6 mil milhões de pessoas ainda não têm eletricidade.

Um dos principais motores das mudanças em curso no panorama energético mundial é a revolução do gás de xisto nos Estados Unidos. O gás de xisto provocou um forte aumento da oferta de gás natural nos Estados Unidos.

Século XXI. O gás de xisto é uma bênção para o mundo em termos de fornecimento de energia face à procura crescente dos países emergentes.

Devido à crescente disponibilidade de gás de xisto, a justificação para associar os preços spot do GNL/gás natural aos preços do petróleo parece ter-se esgotado.

Uma das implicações da revolução do gás de xisto nos EUA é a incerteza que está a surgir entre os investidores. Investir ou não na produção de gás - convencional ou não? Investir ou não em novos gasodutos, fábricas de GNL e instalações de armazenamento? Investir ou não em contratos de fornecimento a longo prazo? Todas estas incertezas são susceptíveis de reduzir os futuros níveis de investimento. Já há sinais de que os projectos de exportação de gás estão a ser cancelados ou adiados. (Stevens, 2010)

Há uma outra implicação que se prende com as preocupações sobre um possível declínio no investimento em fontes de energia renováveis, como a energia solar e eólica. Num mundo em que existe a séria possibilidade de gás barato e relativamente limpo, quem é que vai investir grandes somas de dinheiro em equipamentos dispendiosos para reduzir as emissões de carbono? (Stevens, 2010)

Entretanto, o mercado mundial de gás natural parece estar a tender para um excesso de oferta, exercendo uma pressão descendente sobre os preços do gás. Este facto, por sua vez, tem vindo a minar o entusiasmo dos investidores pelo investimento na exploração de gás convencional, na construção de gasodutos e noutras instalações.

Em termos de metamorfose da estrutura oferta-procura de energia, a Europa está a assistir a uma diminuição das importações de gás da Gazprom da Rússia através de gasodutos, enquanto os Estados Unidos têm vindo a reduzir a sua dependência da energia do Médio Oriente graças à revolução do gás de xisto.

As exportações de petróleo da Arábia Saudita têm vindo a diminuir. O país é atualmente o sexto maior consumidor de petróleo do mundo, ultrapassado pelos Estados Unidos, China, Japão, Índia e Rússia. O aumento da procura de eletricidade no verão para satisfazer as necessidades de ar condicionado é um dos factores.

A expansão da indústria petrolífera de xisto nos EUA resultou num excesso de petróleo, o que, por sua vez, levou a uma queda dos preços do petróleo. Nestas circunstâncias, os países produtores de petróleo, incluindo a Arábia Saudita, cujos orçamentos dependem fortemente de preços elevados, estão em apuros. Mas a Arábia Saudita, o maior exportador de petróleo do mundo, parece ter em mente a experiência da década de 1970, quando um grande salto no preço levou a enormes investimentos em novos campos, levando a um excesso de uma década. Em vez disso, os sauditas parecem estar a adotar uma tática diferente: deixar o preço cair e levar os produtores de alto custo à falência. Isso deverá em breve reduzir a oferta, provocando a subida dos preços. (Economist, 2014).

VII. CONCLUSÃO

A revolução do xisto nos EUA está a ter efeitos em cascata e não são poucos os efeitos noutras partes do mundo. Os principais efeitos são: 1) a UE está a perder competitividade industrial, 2) a Rússia foi forçada a voltar-se para os mercados asiáticos, 3) o Japão, por seu lado, espera que as importações de gás de xisto barato dos EUA ajudem a diversificar as suas fontes de energia. Mas, tal como a AIE salientou no seu World Energy Outlook 2013, a tecnologia abriu novos recursos de petróleo (e de gás), mas o Médio Oriente continua a ser fundamental para as perspectivas a longo prazo.

Quanto aos países emergentes, a China possui as maiores reservas de gás de xisto do mundo, mas ainda não se tornou um ator de gás de xisto em grande escala. No entanto, do outro lado da moeda, a China, e depois a Índia, são os principais responsáveis pelo domínio crescente da procura e do comércio mundiais de energia.

Entretanto, há factores geopolíticos em jogo no panorama energético mundial. A estratégia energética de um país está a tornar-se cada vez mais uma parte importante das preocupações de segurança. Um exemplo disso é o facto de os países da UE estarem a tentar reduzir a sua dependência do gás russo.

Outro argumento principal deste documento é o facto de podermos observar uma metamorfose da situação mundial da oferta e da procura de energia, provocada principalmente pela revolução do gás de xisto nos EUA.

Antes da determinação dos preços do gás natural, intervêm muitos factores complexos e interligados, entre os quais a oferta e a procura, a política, o cabaz energético, a disponibilidade de instalações de GNL, os avanços tecnológicos, as catástrofes naturais, etc. A AIE prevê que as diferenças de preços regionais e as preocupações com a competitividade vieram para ficar. Mas há formas de reagir, com uma maior eficiência em primeiro lugar na lista.

A agência internacional prevê que o consumo de gás aumente 50% em relação ao nível de 2010 até 2030, mas o preço do gás é difícil de estimar.

Referências

Globo Asahi Shimbun "Revolução do gás de xisto (sherugasukakumei)", 4 de novembro de 2012

BP Statistics Review of World Energy, junho de 2011

The Economist, "Sheikhs vs. Shale", Líder, 6 de dezembro de 2014
The Financial Times, "Special Report: Energy in the Americas", 15 de maio de 2013
The Financial Times, "Special Report North American Energy", 9 de junho de 2014
The Financial Times, "The costly muddle of German energy policy (editorial)", 7 de outubro de 2014
The Financial Times, "Europe is being hobbled by its expensive energy", por Paolo Scaroni, 31 de outubro de 2013
The Financial Times, "Shale boom to put US on top of petroleum output league", 30 de setembro de 2014
Gaiko (Diplomacia), "Repercussões da revolução do xisto nos EUA (beisherukakumeinohamon)", Ministério dos Negócios Estrangeiros, Japão, Vol. 21, Set. 2013
Yu Hasumi, "A política energética da UE e os factores russos (EUnoenerugiseisakutorosshiayouinnitsuite)", Oil gas Review, setembro de 2011 Ihara Masaru, "What is Shale Gas Revolution (sherugasukakumeitowananika)", Toyokeizaishinposha, Tóquio, 2010 Agência Internacional da Energia, World Energy Outlook 2013, Londres, 12 de novembro de 2013
Agência Internacional da Energia, Medium-Term Gas Market Report 2014,
Caroline Kuzemko, "Russia-Ukraine Gas Wars and the call on Transit Governance", em Caroline Kuzemko, Andrei Belyi, Andreas Goldthau e Michael F. Keating eds., Dynamics of Energy 2012) *The Nihon Keizai Shjmbun,* "Germany scales down favorable measures for renewable energy introduction (doku, saiseieneyugushukushou)", 30 de janeiro de 2012
The Nihon Keizai Shimbun, "O gás produzido na Rússia está a ser transferido para a China (roshiasangasu, chuugokushifuto)" 27 de novembro de 2014
Paul Stevens, "The 'Shale Gas Revolution': Hype and Reality", *um relatório da Chatam House,* 2010
Karen Smith Stegen, "Deconstructing the 'energy Weapon' : Russia's threat to Europe as case study", *Energy Policy,* Vol. 39, 2011, pp 6505-6513

CAPÍTULO 4

Integração social e combate ao extremismo - Análise das experiências europeias e do que o Japão pode aprender com elas[31]

I. INTRODUÇÃO

Estamos a viver num mundo perigoso. Uma série de ataques terroristas na Europa, em janeiro e novembro de 2015, mostra o grau de risco que o cidadão comum enfrenta na sua vida quotidiana. O terrorismo é galopante não só na Europa, mas também noutras partes do mundo.

O terrorismo é motivado por causas políticas e crenças religiosas, que por vezes estão intrinsecamente interligadas.

O terrorismo pode ser definido como o uso sistemático da intimidação coerciva, geralmente para servir objectivos políticos. [32] É utilizado para criar e explorar um clima de medo entre um grupo-alvo mais vasto do que as vítimas imediatas da violência e para divulgar uma causa, bem como para coagir um alvo a concordar com os objectivos terroristas. O terrorismo pode ser utilizado isoladamente ou como parte de uma guerra não convencional mais vasta. Pode ser empregue por minorias desesperadas e fracas, por Estados como instrumento de política interna e externa, ou por beligerantes como acompanhamento em todos os tipos e fases de guerra. Uma caraterística comum é o facto de civis inocentes, por vezes estrangeiros que nada sabem da disputa política dos terroristas, serem mortos ou feridos. Os métodos típicos do terrorismo moderno são os atentados à bomba explosivos e incendiários, os ataques a tiro e os assassínios, a tomada de reféns, o rapto e o desvio de aviões.

A contínua popularidade do terrorismo entre os nacionalistas e os extremistas ideológicos e religiosos deve ser explicada por outros factores: o desejo de expressão física do ódio e da vingança, o historial de sucesso dos terroristas na obtenção de ganhos tácticos (por exemplo, publicidade maciça, libertação de prisioneiros e pagamentos de resgates avultados) e o facto de o método ser relativamente barato, fácil de organizar e implicar um risco mínimo.[33]

Um dos principais factores do crescimento do terrorismo moderno tem sido a repetida fraqueza e apaziguamento da reação nacional e internacional ao terrorismo, apesar das numerosas leis e convenções antiterroristas e de muita retórica governamental.[34]

Os indivíduos e grupos que acreditam que podem fazer avançar os seus objectivos políticos recorrendo ao terror constituem uma séria ameaça aos valores democráticos das nossas sociedades e

---

[31]Uma versão preliminar deste documento foi apresentada na conferência da Associação de Estudos da União Europeia - Ásia-Pacífico, que teve lugar em Seul, em 12 de junho de 2015

[32] Paul Wilkinson, "International Relations'A Very Short Introduction", Oxford -University Press, 2007, pp. 72-73

[33] Ibid.

[34] ibid.

aos direitos e liberdades dos nossos cidadãos , especialmente quando visam indiscriminadamente pessoas inocentes. Os actos de terrorismo são criminosos e injustificáveis e devem ser tratados como tal em todas as circunstâncias.

Após uma breve análise dos incidentes terroristas envolvendo extremistas islâmicos em janeiro e depois em novembro de 2015, bem como da história do terrorismo internacional, este documento analisa as medidas antiterroristas tomadas até à data pela UE e pelo Japão e a cooperação internacional para combater o terrorismo desenfreado.

Em seguida, o documento passa em revista a literatura selecionada sobre integração social e destaca as medidas de integração social da UE, tendo em conta a sua importância para a promoção de um ambiente propício à redução ou mesmo à eliminação dos factores que geram o terrorismo. No caso do Japão, procura-se analisar as suas políticas de imigração, uma vez que o país ainda não possui políticas de integração social sólidas devido à sua relativa insularidade. O documento tenta depois identificar o que o Japão pode aprender com a UE.

II. NOVA ATENÇÃO AOS EXTREMISTAS ISLÂMICOS NA EUROPA

Temos bem presente uma série de atentados terroristas muçulmanos em Paris e arredores no início de 2015, dos quais resultaram 17 mortos, bem como a descoberta de um plano de ataque terrorista na Bélgica e um incidente terrorista na Dinamarca.

Dez meses depois de Paris ter sido abalada pelo ataque terrorista Charlie Hebdo, a capital francesa foi novamente atingida. Na noite de 13 de novembro, 129 pessoas foram mortas quando três equipas de terroristas se lançaram numa onda de violência no centro de Paris. O Presidente François Hollande declarou o estado de emergência e anunciou o encerramento das fronteiras francesas.

Parece que a França está bem ciente da sua vulnerabilidade particular aos ataques terroristas. Tem sido um dos principais aliados dos Estados Unidos nos bombardeamentos contra o Estado Islâmico na Síria e no Iraque e enviou o seu porta-aviões Charles de Gaulle para o Golfo Pérsico para reforçar a sua capacidade de ataque aéreo nesse país.

Mas Gille Kepel, autora de um livro sobre o terrorismo em França[35] [36] , argumenta que o EI não está empenhado numa estratégia de represálias, mas quer "desencadear uma guerra civil" e provocar uma reação contra os muçulmanos na Europa, como forma de atrair mais recrutas para a sua causa. [36] Sendo o lar da maior minoria muçulmana da Europa, com cerca de 5 a 6 milhões de pessoas, a França é um alvo convidativo, embora a grande maioria sejam cidadãos cumpridores da lei. Parece haver uma franja descontente, em especial nos banlieus, onde se concentram os imigrantes, que rodeiam a maior parte das cidades francesas.

Os extremistas islâmicos que organizam ataques terroristas parecem estar a desafiar a atual ordem mundial centrada nos Estados Unidos e na Europa. Na sua mente, estão a surgir dúvidas sobre os valores modernos da Europa Ocidental e o seu aparente domínio no mundo. Por outras palavras, o conceito de um Estado-nação apoiado em valores universais na Europa Ocidental está a ser abalado.

---

[35] "Jihad: Expansion et declin de l'Islame", Gallimard, Paris, 2000

[36] Economist, "Paris under attack" no primeiro de quatro artigos sobre os assassínios do Estado Islâmico em Paris e as suas consequências, 21 de novembro de 2015

O terrorismo reflecte aspectos insatisfatórios de uma sociedade: um fosso de rendimentos abissal, o fracasso da integração dos migrantes numa sociedade, etc.

Entre os grupos terroristas, as atenções centram-se nos que estão ligados ao Estado Islâmico. Na Europa, acredita-se que cerca de 3.000 jovens tenham aderido ao Estado Islâmico, contra cerca de 400 nos Estados Unidos.

Um jihadista caseiro típico na Europa pode ser descrito da seguinte forma: nascido numa família de migrantes nos subúrbios de uma grande cidade, delinquente juvenil com dificuldades em adaptar-se à sociedade, acaba por ser atraído pelo fundamentalismo islâmico e exprime a sua raiva contra a sociedade sob a forma de terrorismo.

Os terroristas são frequentemente associados, com ou sem razão, aos imigrantes. Numa sondagem de opinião realizada logo após a série de ataques terroristas em França, em janeiro de 2015, 66% dos inquiridos afirmaram pensar que os muçulmanos vivem pacificamente. 82-83% dos apoiantes dos partidos de esquerda afirmaram que não se deve tomar os muçulmanos comuns por muçulmanos radicais. A percentagem foi de 63% entre os apoiantes dos partidos conservadores.

O terrorismo é uma extensão da política e é um problema que afecta a ordem de segurança. Está a ser discutido nos contextos da integração social, da repressão/proteção das minorias ("socialmente fracas"), da separação da Igreja e do Estado e da liberdade de expressão.

Na sequência dos atentados terroristas de 13 de novembro. A França, tal como outros países, está novamente a debater onde traçar a linha entre segurança e liberdade. [37] Estão a ser feitas exigências de novos limites à encriptação. Para a Europa, a vulnerabilidade da França ao terrorismo é uma fonte de extrema preocupação, sobretudo porque as ligações por detrás do último ataque atravessam muitas fronteiras. O Presidente Hollande deu o mote para a reação da Europa, sugerindo uma nova abordagem diplomática e invocando a nova cláusula de assistência mútua em matéria de defesa da UE.

III. O ASSASSINATO DE DOIS REFÉNS JAPONESES POR IS PROVOCOU ONDAS DE CHOQUE

O Japão, situado longe do Médio Oriente, de África ou da Europa, julga-se imune aos ataques terroristas de militantes islâmicos. Mas já não há lugar para essa complacência.

No final de janeiro de 2015, a crise dos reféns que envolveu o jornalista freelance japonês Kenji Goto e o seu companheiro de cativeiro, o autodenominado agente de segurança Haruna Yukawa, já se arrastava há algum tempo, mas explodiu numa crise pública depois de o Primeiro-Ministro japonês Shinzo Abe, numa visita ao Médio Oriente, ter prometido 200 milhões de dólares em assistência não militar aos países que lutam contra o grupo extremista Estado Islâmico. Os militantes do Estado Islâmico mostraram Goto e Yukawa num vídeo e fizeram uma série de exigências antes de os decapitarem.

Um painel do Governo japonês apresentou um relatório no final de maio de 2015, concluindo que a forma como Tóquio lidou com a crise tinha sido adequada, mas a mãe de Goto, Junko Ishido,

[37] ibid.

refutou-o.

IV. ERA DO TERRORISMO INTERNACIONAL

Depois de analisar os incidentes de terrorismo na Europa e no Japão em 2015, não seria exagerado dizer que estamos a viver numa era de terrorismo internacional.

Neste capítulo, começamos por seguir a história do terrorismo internacional, dividindo-a em quatro vagas.

(1) 1st onda: da segunda metade do século 19th ao início do século 20 th

(2) 2nd vaga: anos 1960-1970 (guerrilheiros palestinianos, Exército Vermelho japonês, etc.)

(3) 3rd wave: dos anos 90 aos dias de hoje

As características da terceira vaga são:

0 a transição do terrorismo apoiado pelo Estado para o terrorismo anónimo

0 uma transição da cooperação entre organizações para a criação de redes, filiações livres ou lonewolves

0 mudança no estilo de publicidade: da dependência dos meios de comunicação social para o SNS

0 o terrorismo no contexto da proteção do ambiente, do nacionalismo e do fosso entre gerações

De 11 de setembro de 2001 a 31 de dezembro de 2013, o número de incidentes terroristas com 100 ou mais mortos foi de 346, a maioria dos quais envolvendo tiros e bombas.

V. MEDIDAS ANTITERRORISTAS DA UE E DO JAPÃO

Neste capítulo, analisamos a forma como a União Europeia e o Japão estão a tentar combater o terrorismo internacional.

1. Medidas antiterroristas da UE

O espaço de livre circulação da UE, cada vez mais aberto, pode ser utilizado de forma abusiva pelos terroristas. Neste contexto, é indispensável uma ação concertada e colectiva a nível da UE. Por conseguinte, a UE desenvolveu uma resposta holística contra o terrorismo - a Estratégia Antiterrorista da UE, de acordo com a Comissão Europeia. Adoptada em 2005, a estratégia compromete a UE a combater o terrorismo a nível mundial, respeitando simultaneamente os direitos humanos e permitindo que os seus cidadãos vivam num espaço de liberdade, segurança e justiça. A estratégia articula-se em torno de quatro pilares:

(1) Evitar que as pessoas se voltem para o terrorismo e impedir o aparecimento de futuras gerações de terroristas.

(2) Proteger os cidadãos e as infra-estruturas críticas, reduzindo as vulnerabilidades contra ataques.

(3) Perseguir e investigar os terroristas, impedir o planeamento, as viagens e as comunicações, cortar o acesso ao financiamento e aos materiais e levar os terroristas a tribunal.

(4) Responder de forma coordenada, preparando a gestão e a minimização das consequências de um atentado terrorista, melhorando a capacidade de lidar com as consequências e tendo em conta as necessidades das vítimas.

O atentado em Paris contra o jornal satírico Charlie Hebdo, em janeiro de 2015, e a onda de violência que se seguiu, com a morte de 17 pessoas, bem como os acontecimentos subsequentes na Bélgica e na Dinamarca, suscitaram um debate na UE sobre o reforço da sua estratégia antiterrorista.

A UE, numa cimeira informal realizada em 11 de fevereiro, apresentou um quadro de três pilares para medidas antiterroristas abrangentes.

(5) Garantir a segurança dos cidadãos da UE

(6) Prevenir a radicalização dos jovens através da sua influência pela ideologia islâmica extremista.

(7) Cooperação internacional para a prevenção do terrorismo

A declaração do Conselho dos Negócios Estrangeiros da UE, de 11 de fevereiro de 2015, afirma que a UE atenuará as ameaças terroristas e de estabilidade através da sua abordagem global que combina instrumentos diplomáticos, de desenvolvimento socioeconómico, de prevenção de conflitos, de consolidação da paz e de gestão de crises.

No dia 12 de fevereiro, os Chefes de Estado e de Governo da UE debateram novas iniciativas que visam, entre outros objectivos, evitar que os europeus vão combater ao lado de militantes jihadistas na Síria e no Iraque e que regressem para cometer atentados na Europa. Na reunião informal, os dirigentes da UE apelaram a controlos mais rigorosos das pessoas que entram no espaço Schengen, a uma melhor partilha de informações e à rápida adoção do sistema de registos de identificação dos passageiros (PNR).

2. Plano de ação antiterrorismo do Japão

Em dezembro de 2004, Tóquio adoptou um plano de ação para a prevenção do terrorismo.

O Serviço de Imigração está a adotar procedimentos rigorosos de entrada e admissão. Estes incluem a impressão digital de todos os estrangeiros com 16 anos ou mais que entrem no Japão, a utilização de um sistema avançado de informação dos passageiros e a instalação de funcionários de gestão de crises nos principais portos e aeroportos. O Japão iniciou também uma cooperação internacional mais estreita, nomeadamente com os Estados Unidos, para impedir a entrada de potenciais terroristas no Japão.

Comparando as medidas antiterroristas da UE e do Japão, as primeiras são mais amplas e abrangentes, devido aos incidentes terroristas já ocorridos na Europa. O Japão ainda se encontra numa fase em que a vigilância nos pontos de entrada parece ser suficiente.

3. Cooperação internacional

Para além das medidas antiterroristas tomadas país a país, os países envolvidos concordam com a necessidade de cooperação internacional, uma vez que o terrorismo ultrapassa fronteiras. Numa cimeira realizada em Washington, em 18 de fevereiro de 2015, para combater o extremismo violento, o Presidente dos EUA, Barack Obama, afirmou que a resposta ao extremismo não é meramente uma questão militar, sublinhando a necessidade de melhorar as condições sociais que fomentam as organizações terroristas e de impedir a angariação de fundos por parte dos terroristas e o aliciamento de jovens para se juntarem a eles.

O Grupo dos Sete principais países industrializados planeia apertar o cerco ao financiamento do terrorismo internacional, melhorando a coordenação transfronteiriça em matéria de congelamento de bens e colmatando as lacunas existentes. As alterações surgem em resposta à utilização pelos terroristas de uma gama mais vasta de instrumentos de financiamento, que vão desde as moedas virtuais ao comércio de artefactos antigos.

Em 2015, Paris e Berlim instaram a Comissão Europeia a desenvolver um sistema a nível da UE para coordenar a aplicação nacional do congelamento de bens.

A luta contra o terrorismo é agora um ponto regular na agenda de uma cimeira anual do G7

VI . REVISÃO DA LITERATURA SELECCIONADA SOBRE INTEGRAÇÃO SOCIAL

Depois de analisarmos os recentes incidentes de terrorismo na Europa e no Japão, bem como as medidas para os combater a nível da UE, do Japão e a nível internacional, passamos agora aos esforços da Europa para promover a integração social, nomeadamente os relacionados com o incentivo à participação de minorias étnicas numa vasta gama de actividades sociais.

A "integração social" pode ser definida como um instrumento para explorar os efeitos da política e da legislação da UE na perspetiva dos cidadãos, partindo do princípio de que existe um processo paralelo de integração social que acompanha a evolução da integração política e económica.[38]

O termo "integração social" foi utilizado pela primeira vez no trabalho do sociólogo francês Emile Durkheim. Ele queria entender por que razão as taxas de suicídio eram mais elevadas nalgumas classes sociais do que noutras. Durkheim acreditava que a sociedade exercia uma força poderosa sobre os indivíduos. Concluiu que as crenças, valores e normas de um povo constituem uma consciência colectiva e uma forma partilhada de se compreenderem uns aos outros e ao mundo.

Um documento de investigação de 2012 mostra que os imigrantes devem ser independentes e proactivos para conseguirem uma melhor integração social nos países de acolhimento.[39]

Strang e Ager (2004) propuseram ao Ministério do Interior britânico um conjunto de indicadores para medir a integração. Utiliza dados de inquéritos aos agregados familiares, entrevistas aprofundadas e grupos de discussão realizados nas West Midlands para mostrar a utilidade dos indicadores na avaliação dos progressos da integração nas novas comunidades de migrantes. Entre eles contam-se indicadores funcionais como os relacionados com o emprego, a habitação, a educação e a saúde.

A importância da formação de redes sociais para os novos refugiados é realçada por Cheung e Phillimore (2013). As suas conclusões sugerem que a duração da residência e a competência linguística alargam as redes sociais. Os contactos com grupos religiosos e confessionais ajudam no emprego e na habitação. A mera posse de redes não é suficiente para melhorar o acesso ao emprego. No entanto, a ausência de redes sociais parece ter um efeito negativo no acesso ao trabalho.

Strang e Ager (2010) argumentam que as noções prevalecentes de nação e cidadania determinam a compreensão da integração, e que isso molda poderosamente o espaço social disponível para os

[38] Trelfall, Mónica, "Integração Social Europeia: Harmonização, Convergência e

[39] Rubin, M.; Watt, S,E. e Ramelli, M. "Immigrants' social integration as a function of approach-avoidance orientation and problem-solving style" International Journal of Intercultural Relations, Volume 36, 2012, pp 498-505

refugiados no que diz respeito à "pertença". Também examinaram a noção de que a integração é um processo "bidirecional" e sugeriram que esta noção pode ser alargada de modo a abranger a multiplicidade e a fluidez do significado social e da identidade.

Outro debate relacionado é se a proteção dos refugiados é um "bem público". Betts (2003) argumenta que a proteção dos refugiados pode não ser um modelo de bem público, mas sim um "modelo de produto conjunto", em que existe uma relação positiva entre as contribuições de um Estado para o regime e os benefícios excludentes. O Estado ganha com o regime. Por outras palavras, os benefícios que obtém significam que outros, como resultado de não contribuírem, não ganharão. Este facto sugere que os Estados têm interesse em não serem sempre parasitas.

Um "regime multidimensional de partilha de encargos" é discutido por Thielemann (2008). Por exemplo, quando um Estado se concentra na manutenção da paz para evitar que os refugiados tenham de fugir e outro Estado se concentra no asilo. De certa forma, o primeiro país está a contribuir menos ao absorver menos refugiados em troca de contribuir mais através da manutenção da paz. Utilizando a mesma lógica, as transferências de dinheiro para os países em troca de estes absorverem mais refugiados poderiam ser um tipo de "regime multidimensional de partilha de encargos".

VII ESFORÇOS DE INTEGRAÇÃO SOCIAL EUROPEIA

Historicamente, os países europeus têm adotado políticas algo diferentes no que se refere à gestão da imigração e das populações minoritárias e à sua integração na sociedade. Por exemplo:

(1) A Alemanha e a Áustria fizeram poucos esforços de integração, considerando imigrantes muçulmanos como "trabalhadores convidados" temporários.

(2) A Grã-Bretanha e os Países Baixos foram os países que mais adoptaram a noção de "multiculturalismo"

-termo utilizado em termos gerais para descrever as políticas através das quais os governos procuraram promover a tolerância e a igualdade, permitindo simultaneamente que os imigrantes e as minorias étnicas mantivessem as suas identidades culturais e costumes distintivos.

(3) Há muito que a França adere a uma política em relação aos imigrantes que encoraja a assimilação, ou seja, a adoção das normas e valores culturais franceses.

Três formas distintas de integração social mostram a complexidade e a dificuldade com que se deparam os países de acolhimento.

Muitos muçulmanos na Europa vivem em bairros quase exclusivamente muçulmanos e um número desproporcionadamente elevado de muçulmanos são pobres, desempregados ou estão na prisão.

As tensões sociais europeias foram evidenciadas pelos tumultos generalizados que eclodiram em França em 2005 e novamente em 2007! Embora um grande número de desordeiros pareça ser de origem muçulmana, a maioria dos observadores concorda que a falta de oportunidades económicas e de mobilidade social ascendente foram os principais factores subjacentes à agitação, e não a religião.

Os governos europeus têm vindo a adotar uma série de estratégias para melhorar a integração, especialmente dos muçulmanos. Essas estratégias incluem a introdução de novas leis de cidadania e requisitos linguísticos, num esforço para gerar uma maior participação política dos muçulmanos, o desenvolvimento de imãs "locais" mais familiarizados com a cultura e tradições europeias, a melhoria das oportunidades educativas e económicas e o combate ao racismo e à discriminação. (CRS, 2011)[40]

Dada a grande abertura das fronteiras internacionais, os líderes da UE estão perfeitamente conscientes de que a incapacidade de um membro para enfrentar adequadamente os desafios da integração e prevenir a exclusão social suscetível de conduzir ao extremismo ou a actividades criminosas pode ter graves implicações negativas para outros membros da UE.

As preocupações dos Estados-Membros da UE com a integração também estão a ser motivadas pela convicção de que travar ou restringir severamente a imigração para a UE pode não ser uma opção viável, tendo em conta o envelhecimento da população europeia.

Segue-se uma cronologia das políticas da UE relacionadas com a integração social: 2003

A UE criou pontos de contacto nacionais sobre integração para facilitar o intercâmbio de informações sobre os desafios e as melhores práticas entre os Estados-Membros.

2004

A UE publicou um manual sobre integração destinado aos decisores políticos e aos profissionais, que define as melhores práticas.

Os dirigentes da UE adoptaram 11 princípios básicos comuns para a política de integração da imigração. Estes princípios sublinham que a integração é uma via de dois sentidos de acomodação mútua por parte de todos os imigrantes e residentes dos Estados-Membros e implica o respeito pelos valores básicos da UE. Entre outras condições, os princípios comuns identificam os seguintes aspectos como necessários para uma integração bem sucedida: acesso ao emprego, à educação e aos serviços públicos, proteção contra a discriminação: conhecimento básico da língua, da história e das instituições da sociedade de acolhimento; e participação dos imigrantes nas comunidades locais através da legislação comunitária em vigor sobre discriminação racial e religiosa e das estratégias gerais da UE para promover o crescimento económico, o emprego e a educação.

setembro de 2005

A Comissão Europeia apresentou uma "Agenda Comum para a Integração" que contém sugestões de acções para pôr em prática os princípios básicos comuns, tanto a nível nacional como da UE. Entre outras medidas, apelou à criação de um fundo da UE para financiar projectos dos Estados-Membros e de toda a UE. O Fundo Europeu para a Integração dos Nacionais de Países Terceiros foi lançado em 2007 e afectou 825 milhões de euros para o período orçamental de 2007-2013 da UE. Entre os exemplos de projectos financiados até à data contam-se uma iniciativa destinada a familiarizar os líderes religiosos com os valores europeus fundamentais e a criação de mediadores socioculturais que sirvam de ligação entre os imigrantes e o seu novo ambiente.

2008

Recomendação sobre a inclusão ativa das pessoas excluídas do mercado de trabalho (Comissão Europeia)

A Comissão define a "inclusão ativa" como a possibilidade de todos os cidadãos, nomeadamente

---

[40] Serviço de Investigação do Congresso (EUA), "Muslims in Europe^ Promoting Integration and Countering Terrorism", *Relatório CSR para o Congresso,* 7 de setembro de 2011

os mais desfavorecidos, participarem plenamente na sociedade, incluindo a obtenção de um emprego. Por outras palavras, a inclusão ativa visa dar resposta a vários desafios, como a pobreza, a exclusão social, a pobreza no trabalho, a segmentação do mercado de trabalho, o desemprego de longa duração e as desigualdades entre homens e mulheres.

2009

A UE criou um Fórum Europeu de Integração, que reúne duas vezes por ano representantes de organizações da sociedade civil e responsáveis políticos da UE para debater questões de integração, e um sítio Web europeu sobre integração, que serve de plataforma virtual para facilitar o intercâmbio de informações sobre políticas e práticas de integração.

O Tratado de Lisboa entrou em vigor em 2009. O tratado estabelece que a UE pode estabelecer medidas para fornecer "incentivos e apoio" aos Estados-Membros no domínio da integração, desde que tal não implique a harmonização das leis ou políticas nacionais relacionadas com a integração.

julho de 2011

A Comissão Europeia publicou uma nova "Agenda Europeia para a Integração dos Nacionais de Países Terceiros" que actualiza essencialmente a Agenda Comum de 2005 e propõe o próximo passo. Reafirma o ponto de vista da UE de que deve ser dada aos imigrantes a oportunidade de participarem plenamente nas suas novas comunidades, mas também que uma integração bem sucedida exige que os imigrantes possuam a vontade e o empenhamento de se tornarem parte da sociedade que os recebeu. A nova Agenda destaca quatro áreas cruciais para a integração^ a aquisição de competências linguísticas; a participação no mercado de trabalho; o acesso à educação; e condições de vida dignas. A agenda sublinha o papel fundamental das autoridades locais na promoção da integração.

A Estratégia Europa 2020 da UE para um crescimento inteligente, sustentável e inclusivo estabelece objectivos para retirar, pelo menos, 20 milhões de pessoas da pobreza e da exclusão social e aumentar para 75% o emprego da população com idades compreendidas entre os 20 e os 64 anos. As iniciativas emblemáticas da estratégia Europa 2020, incluindo a Plataforma contra a Pobreza e a Exclusão Social e a Agenda para Novas Competências e Empregos, apoiam os esforços para alcançar estes objectivos.

A Comissão afirma que trabalha em conjunto com os países da UE através do Comité da Proteção Social, utilizando o Método Aberto de Coordenação nas áreas da inclusão social, dos cuidados de saúde e dos cuidados e pensões de longa duração (MAC social). De acordo com a Comissão, o MAC social é um processo voluntário de cooperação política baseado na definição de objectivos e na avaliação dos progressos realizados para os atingir através de indicadores comuns. O processo envolve também uma estreita cooperação com as partes interessadas, incluindo os parceiros sociais e a sociedade civil.

Gostaríamos agora de colocar uma questão. A política europeia de integração social em relação aos imigrantes tem sido bem sucedida?

Uma sondagem de 2012 revela que 80 a 95% dos imigrantes inquiridos em 15 cidades da UE afirmaram ser (ou querer ser) residentes de longa duração. Afirmaram valorizar muito as oportunidades de aprender a língua materna (de facto, os imigrantes falam geralmente mais línguas do que a média das pessoas no seu país de residência). A grande maioria afirmou estar interessada na participação cívica e política.

Apesar disso, a segregação e a exclusão social das comunidades migrantes podem constituir um problema grave. Em França, por exemplo, existem 717 zonas urbanas sensíveis, na sua maioria nos subúrbios das grandes cidades (conhecidas como banlieuses). Estes bairros registam o dobro da taxa de desemprego nacional, com mais de 35% dos habitantes abaixo do limiar de pobreza nacional e mais de 50% de origem estrangeira. Há dez anos, em 2005, as tensões eclodiram numa série de motins nos banlieuses de Paris e de outras cidades francesas. Em Londres, em 2011, e em Estocolmo, em 2013, registaram-se tumultos semelhantes.

Nestas circunstâncias, não seria exagerado dizer que a política de integração social da Europa deu os frutos esperados.

Entretanto, a UE parece ansiosa por manter as suas políticas de integração em grande parte separadas das desenvolvidas para combater o recrutamento e a radicalização terroristas, sustentando que a integração dos imigrantes na sociedade europeia é uma preocupação mais vasta com ramificações económicas, sociais e culturais para a UE que vão para além da necessidade de prevenir a radicalização e o recrutamento terrorista. Os funcionários da UE observam que, embora a falta de integração possa ser um fator que contribui para explicar por que razão alguns indivíduos se voltam para o extremismo, não é o único.

VIII. POLÍTICA DE IMIGRAÇÃO DO JAPÃO

O Japão ainda não chegou a uma fase em que necessite da política de integração social generalizada da UE. Parece estar ainda numa fase em que se esforça por elaborar uma política de imigração coerente.

Mais especificamente, o Japão mantém o controlo da imigração apesar da diminuição da população. É tempo de o Japão abrir as portas, tendo em conta a diminuição da população e o facto de menos de 2% dos residentes serem estrangeiros.

Em 2010, o número de estrangeiros no Japão (residentes de longa duração) era de 2.134.151. São 209.378 filipinos, 210.032 brasileiros, a maioria de ascendência japonesa, 687.156 chineses e 565.989 coreanos. De todos estes estrangeiros, 7,5% são cônjuges de japoneses. Os chineses, filipinos, coreanos e brasileiros representam cerca de 75% dos estrangeiros residentes no Japão.

O primeiro-ministro Shinzo Abe afirmou em junho de 2014 que "nos países que aceitaram a imigração, houve muita fricção, muita infelicidade tanto para os recém-chegados como para as pessoas que já lá viviam" (FT).[41]

Nenhum país rico combinou uma taxa de natalidade baixa e um controlo rigoroso da imigração como o Japão. A força de trabalho do país começou a diminuir em meados da década de 1990 e a população total atingiu o seu pico em 2008, com pouco menos de 130 milhões de habitantes. Se nada mudar, haverá menos 30 milhões de japoneses em 2050 e, no início do século XXI, a população poderá ser metade ou mesmo um terço do que é atualmente.

Abe é a favor da expansão de alguns programas específicos para a importação de mão de obra estrangeira. Quer que mais estrangeiros ocupem empregos de baixos salários onde a escassez é grande

---

[41] *The Financial Tinies*, "Japan stands with immigration controls despite shrinking population", 2 de junho de 2014

- desde trabalhadores da construção civil a amas - e que seja mais fácil para os trabalhadores profissionais e técnicos qualificados obterem a residência permanente. (FT).[42]

Existem dois canais disponíveis para a migração de mão de obra não qualificada de facto. Um deles era o sistema de estágios, que se expandiu posteriormente com o lançamento, em 1993, do Programa de Estágios Técnicos. Este sistema tem sido alvo de críticas por parte de activistas laborais e de imigração, que afirmam que "está repleto de exploração". O outro canal foi o recrutamento de nikkeijin (descendentes de emigrantes japoneses), a quem foi dado acesso ao estatuto de residência, sem restrições de emprego.

Um antigo ministro-adjunto do Governo japonês previu que o crescimento anual da população estrangeira aumentará da média pré-crise financeira de cerca de 70.000 para 80.000 ou mesmo 100.000 - mais do que a recente imigração anual para França.

Uma proposta mais drástica que circulou entre os conselheiros do primeiro-ministro Abe não deu em nada. Esta proposta prevê o aumento do número de residentes estrangeiros em 200 000 por ano, o que permitiria evitar que a população total descesse muito abaixo dos 100 milhões, se a taxa de natalidade nativa também pudesse ser aumentada.

As Nações Unidas calculam que, sem aumentar a sua taxa de fertilidade (1,39), o Japão teria de atrair cerca de 650 000 imigrantes por ano. Não há precedentes para esse nível de imigração no país, que é, em grande parte, uma sociedade homogénea.

Intimamente relacionada com a questão da política de imigração restritiva do Japão está a sua relutância em aceitar refugiados de países devastados pela guerra e de outros países instáveis. A este respeito, o Primeiro-Ministro Abe anunciou, em 29 de setembro de 2015, um forte aumento do apoio financeiro aos migrantes que se dirigem para a Europa Ocidental - mas nenhuma alteração na política pouco acolhedora do seu país em relação aos que procuram asilo no Japão.

Em setembro de 2015, disse à Assembleia Geral da ONU que o Japão iria fornecer 1,5 mil milhões de dólares em ajuda de emergência aos refugiados que fogem do Iraque e da Síria e para estabilizar os países do Médio Oriente e de África. A contribuição japonesa de 181,6 milhões de dólares em 2014 para a organização de refugiados da ONU foi uma das mais generosas, eclipsada apenas pelos Estados Unidos, a União Europeia e a Grã-Bretanha.

Por outro lado, o Japão tem sido uma das nações menos acolhedoras para os refugiados. Dos 5.000 estrangeiros que solicitaram asilo político no Japão em 2014, apenas 11 obtiveram um refúgio seguro, uma taxa de aceitação que é 1/100th da média mundial. Em comparação, os Estados Unidos concederam asilo a quase 70% das 63.000 pessoas que o solicitaram em 2014. Entre os países europeus, a França recebeu 22% e a Alemanha 43%.

Os defensores dos refugiados afirmam que a relutância do Japão em aceitar os requerentes de asilo resulta de uma combinação de factores: isolamento geográfico, barreiras linguísticas e culturais, uma desconfiança histórica em relação aos estrangeiros e uma falta de interesse pelos assuntos externos. [43] Além disso, a relutância do Governo japonês em aceitar refugiados mostra que a abertura à imigração continua a ser desagradável, apesar da alarmante diminuição da população japonesa.

---

[42] ibid.

[43] *USA Today* "Japan opens pocketbooks, not doors, to refugees", 6 de outubro de 2015 .

"Neste momento, estamos a assistir a um Japão muito virado para si próprio. As pessoas pensam apenas em questões internas e não pensam no que está a acontecer noutras partes do mundo", afirma Shogo Watanabe, um advogado de Tóquio que presta apoio a refugiados e requerentes de asilo no Japão desde 1992. O resultado, disse ele numa conferência de imprensa em Tóquio, em setembro de 2015, é que os funcionários da imigração que administram os pedidos no Japão adoptam padrões irrealistas de prova e uma interpretação demasiado rigorosa das directrizes da ONU. De acordo com as directrizes, os países devem conceder asilo político a pessoas que tenham sido consideradas como tendo um "receio bem fundamentado de serem perseguidas por motivos de raça, religião, nacionalidade, pertença a um determinado grupo social ou opinião política" no país de origem.

Apesar da política de imigração restritiva por parte do Governo japonês, o número de requerentes de asilo no Japão continua a aumentar, atingindo um recorde de 7 586, abrangendo 69 países em 2015, com os nepaleses a representarem o maior grupo com 1768 pessoas, de acordo com o Ministério da Justiça japonês. O número destas pessoas aumentou drasticamente desde 2010, quando o governo tornou possível que os requerentes de asilo que possuem um visto válido no momento do pedido trabalhem a tempo inteiro enquanto aguardam o resultado do seu pedido.

Jun Saito, um economista do Centro de Investigação Económica do Japão, um grupo de reflexão, afirmou que os imigrantes representariam 6% da população japonesa em 2050, de acordo com o cenário do seu grupo de reflexão, o que seria apenas metade do nível atual da Grã-Bretanha, França e Alemanha.

O público japonês tem mostrado pouca apetência para tal mudança.

Uma sondagem da Agência noticiosa Jiji, em março de 2014, revelou que cerca de 60% dos inquiridos aceitariam um aumento do número de trabalhadores estrangeiros temporários para fazer face à escassez de mão de obra, mas a questão da imigração em grande escala é diferente. Um inquérito realizado pelo jornal *Asahi Shimbun* em 2010 revelou que dois terços eram contra.

No que diz respeito à política de imigração considerada restritiva por parte do Japão, esta poderia mudar de um dia para o outro se Tóquio declarasse o objetivo de acolher até 10 000 refugiados ao longo de vários anos. É exequível e poderia ser uma política inovadora para acabar com a imagem do Japão como um país fechado aos refugiados. Convém recordar que o Japão acolheu mais de 11.000 refugiados após a guerra do Vietname, até 2005, ao abrigo de uma política de portas abertas pouco lembrada, que nunca mais se repetiu a esta escala. Os indochineses a quem Tóquio concedeu o estatuto de asilo e que foram reinstalados no Japão estão gratos ao povo japonês e muitos deles estenderam a sua ajuda às vítimas do Grande Terramoto do Leste do Japão de 2011 em sinal de apreço, enviando-lhes alimentos e roupas. [44] Mas mesmo depois de obterem asilo, os refugiados indochineses tiveram de passar por muitas dificuldades relacionadas com a aquisição de conhecimentos da língua japonesa, habituação à cultura japonesa, encontrar empregos decentes e obter a cidadania japonesa. Ikuo Kawakami, professor de antropologia na Waseda University Graduate School, aponta para a necessidade de redobrar os esforços para ajudar os refugiados a instalarem-se no Japão.

[44] *The Asahi Shimbun,* "Boat People: refugees living in Japan", 24 de janeiro de 2016

IX. O QUE O JAPÃO PODE APRENDER COM A EUROPA

Para combater o extremismo, a UE tem um quadro de três pilares: (1) segurança dos cidadãos, (2) prevenção da radicalização dos jovens e (3) cooperação internacional para impedir a angariação de fundos por terroristas através do congelamento de bens. Este é certamente um quadro sólido, mas a situação no Japão no que respeita à ameaça dos terroristas não é tão grave como na Europa. Por conseguinte, a vigilância contra a entrada de terroristas no Japão é, de momento, suficiente.

Entretanto, a UE está a braços com a maior migração em massa desde a Segunda Guerra Mundial. De acordo com as previsões semestrais divulgadas pela Comissão Europeia em outubro de 2015, a UE deverá receber mais 3 milhões de migrantes até ao final de 2017, durante o período de três anos a contar do início de 2015, sendo pouco provável que as taxas de chegada abrandem antes de 2017. No entanto, a Comissão está a ver o lado positivo da imigração em massa e estima que os fluxos globais de migrantes acrescentariam um crescimento regional adicional de 0,2 a 0,3 % do PIB até 2020. A comissão argumenta que o aumento da despesa pública devido à crise dos refugiados irá aumentar o PIB a curto prazo, enquanto o crescimento a médio prazo deverá ser impulsionado por um aumento da oferta de mão de obra.

Mas não se pode negar que a crise dos refugiados sobrecarregou os sistemas de asilo de países da linha da frente, como a Itália e a Grécia, ao mesmo tempo que abriu profundas linhas de fratura política entre os países membros orientais e ocidentais da UE. [45] A reação aleatória dos líderes da UE também provocou pesadas consequências políticas, empurrando a chanceler Angela Merkel para a maior crise do seu mandato. Wolfgang Schauble, ministro das finanças alemão, afirmou que o seu país, que está a suportar o maior número de chegadas, terá custos com refugiados de 20 mil milhões de euros ou 0,6% do PIB em 2016. Os números baseiam-se na chegada de 800.000 em 2015 e de outros 800.000 em 2016, com um número não especificado de pessoas que partem devido à rejeição de parte dos pedidos de asilo. Berlim indicou que estas previsões são provisórias e estão sujeitas a alterações, consoante os fluxos de refugiados.

Entretanto, a questão dos refugiados tem sido politizada na Europa, uma vez que implica pesados encargos fiscais por parte dos governos europeus para fazer face a um afluxo maciço de refugiados. As reacções das pessoas na Europa têm oscilado. A imagem do cadáver de um rapaz sírio de 3 anos numa praia turca, em setembro de 2015, galvanizou a ação pública em prol dos refugiados e tornou-se uma abreviatura da crise dos refugiados e da inação dos governos. Desencadeou um exame de consciência a nível mundial. A nível político, o seu impacto foi misto. Provocou uma primeira onda de pressão sobre os líderes para que actuassem, mas os 28 países membros da UE continuaram divididos quanto ao número de refugiados a acolher e à sua generosidade. Mas desde então, dois extremistas islâmicos misturaram-se com os refugiados e juntaram-se a radicais nascidos na Europa para encenar ataques mortais em Paris, a 13 de novembro de 2015. Uma série de roubos e agressões sexuais na cidade alemã de Colónia, no final de 2015, são atribuídos aos imigrantes. Os partidos europeus de extrema-direita capitalizaram a vaga de refugiados.

Por outras palavras, o receio de que os refugiados organizem ataques extremistas e molestem mulheres ameaça diminuir a compaixão. A Europa ainda não encontrou a solução mágica para o seu

[45] *The Financial Tinies,* "EU claims refugee influx will boost growth", 13 de outubro de 2015

dilema migratório.

Num artigo publicado no International New York Times, Dalibor Rohac, investigador do American Enterprise Institute, defende que a crise dos refugiados na Europa é uma questão política e que tem pouco a ver com o número absoluto de requerentes de asilo. [46] Escreve que o problema reside no sistema de asilo disfuncional da UE, que incentiva os países a passarem os refugiados como batatas quentes e coloca o ónus do registo e processamento dos requerentes de asilo num pequeno número de países nas fronteiras da União. De um lado, a chanceler alemã Angela Merkel, que afirma que "o direito de asilo político não tem limites para o número de requerentes de asilo". No outro, alguns dirigentes europeus recusam-se a conceder asilo a qualquer requerente. O primeiro-ministro Robert Fico, da Eslováquia, disse: "A única forma de eliminar os riscos é evitar qualquer decisão que possa levar ao aparecimento de uma comunidade muçulmana compacta na Eslováquia". Rohac propôs saídas para esta situação aparentemente desesperada.

Por um lado, o sistema de quotas, proposto pela Comissão Europeia, poderia ser flexibilizado. Em 1997, Peter Schuck, académico de direito da Universidade de Yale, propôs um sistema de quotas de refugiados negociáveis[47] . O mercado de quotas a criar no âmbito deste sistema permitiria a países como a Eslováquia e a Hungria, cujos líderes se recusam a aceitar refugiados, "subornar" outros para que cumpram as suas obrigações em seu nome, colocando um preço concreto na relutância dos europeus centrais em ajudar. O eurodeputado defende a transferência de dinheiro para os países com maior número de refugiados, mas não recomenda que os refugiados recebam proteção em nenhum país em particular.

A outra proposta de Rohac foi apresentada por dois investigadores da Universidade de Oxford, Alex Teytelboym e Will Jones[48] . Esta proposta prevê que a UE crie um "sistema de correspondência" centralizado, que não envolveria nenhum dos pagamentos em dinheiro que são frequentemente considerados repugnantes, a fim de controlar o fluxo caótico de refugiados. Desenvolvido originalmente por economistas como o Prémio Nobel Alvin E. Roth, os sistemas de correspondência são utilizados para atribuir dadores de rins (o New England Program for Kidney Exchange) ou para fazer corresponder estudantes de medicina a programas de residência hospitalar (o National Residency Matching Program). Os dois investigadores defendem que o sistema pode, por um lado, dar aos refugiados a possibilidade de escolherem o local onde querem ser protegidos e, por outro, permitir aos Estados gerir a partilha da responsabilidade pela concessão de asilo de uma forma equitativa e eficaz.

Há certamente muitas coisas que o Japão pode aprender com a UE no que diz respeito às políticas de integração social. Por exemplo, a importância de encorajar a participação de minorias étnicas numa vasta gama de actividades sociais, um aspeto que é realçado na Europa. Além disso, uma série de estratégias que estão a ser seguidas pelos governos europeus, incluindo a introdução de novas leis de cidadania e requisitos linguísticos, poderiam servir como pontos de referência sólidos para os decisores políticos japoneses. Mas, mais uma vez, a necessidade de elaborar políticas de integração

---

[46] Delibor Rohac, "Ending the refugee crisis", *International New York Times,* 30 de janeiro de 2016

[47] Schuck, Peter, "Refugee burden-sharing: A Modest Proposal", Yale Journal of *International Law* 22, 1997, pp. 244-297,

[48] Teytelboym, Alex e Jones, Will, "The Refugee Match", *Forced Migration* 51. janeiro de 2016

social adequadas no Japão não é premente, em comparação com a Europa, o que aparentemente reflecte a insularidade da cultura japonesa devido, em parte, ao facto de o Japão ser uma nação insular.

IX. CONCLUSÃO

O terrorismo doméstico/internacional não dá sinais de abrandar, num contexto de aumento das disparidades de rendimento, de pobreza persistente em vários países em desenvolvimento e de conflitos étnicos/religiosos em muitas partes do mundo.

É também urgente reforçar a cooperação internacional para combater o terrorismo.

O Japão não pode escapar às consequências das forças da globalização que atravessam as fronteiras. Não seria exagerado dizer que os japoneses se sentem desafiados nas suas fundações, no seu tecido social e até na sua identidade nacional. Perante este desafio, onde será encontrado o equilíbrio entre as forças sociais e as pressões nacionalistas conservadoras para determinar a futura direção da política de imigração do Japão?

Dito isto, o autor considera que o rápido envelhecimento da sociedade japonesa obrigará o Japão a abrir mais as suas portas aos candidatos a imigrantes, o que exigirá um reforço das medidas destinadas a promover a sua integração na sociedade japonesa. Como primeiro passo, o autor propõe que Tóquio declare a sua intenção de acolher até 10.000 refugiados durante vários anos para acabar com a política de asilo considerada restritiva. Neste domínio, o Japão tem muito a aprender com a Europa. Mas o problema mantém-se no que respeita aos métodos de integração dos imigrantes na sociedade japonesa. No futuro, o Japão poderá vir a confrontar-se com a necessidade de escolher um método de integração adequado, tendo em conta três grandes tendências de integração social na Europa: a assimilação, o multiculturalismo e o sistema de estatuto de trabalhador convidado.

Tendo em conta uma previsão terrível de até 3 milhões de refugiados a afluírem à Europa em três anos, até 2017, o documento analisou propostas para acabar com a crise dos refugiados, nomeadamente um "sistema de quotas flexível" e um "sistema de correspondência" centralizado.

Referências

The Asahi Shimbun, "Boat People: Refugiados que vivem no Japão". 24 de janeiro de 2016

Betts, Alex, "Public Goods Theory and the Provision of Refugee Protection: on the Joint Product Model in Burden-Sharing Theory", *Journal of Refugee Studies,* Vol. 16, No. 3, 2003, pp. 274-296

Cheung, Sin Yi e Phillimore, Jenny, "Refugees, Social Capital, and Labor Market", *Sociologia,* publicado online em 26 de setembro de 2013

Serviço de Investigação do Congresso (EUA), "Muslims in Europe: Promoting Integration and Countering Terrorism", *Relatório CSR para o Congresso,* 7 de setembro de 2011

The Economist, "Paris under attack", no primeiro de quatro artigos sobre os assassínios do Estado Islâmico em Paris e as suas consequências, 21 de novembro de 2015

The Economist, "The incredible shrinking co untry-Japan's demography", 25 de maio de 2014

The Financial Times, "EU claims refugee influx will boost growth", 13 de outubro de 2015

The Financial Times, "Japan stands with immigration controls despite shrinking population", 2 de junho de 2014

Kashiwagi, Chikako e Akaha, Tsuneo, "Japanese immigration policy: Responding to conflicting pressures", *Migration Information Sources,* 1 de novembro de 2006

Kennel, Gille, "Jihad: Expansion et declin de l'Islame", Gallimard, Paris, 2000 (tradução inglesa "Jihad: The Trail of Political Islam", Bellman Press, 2002)

Phillimore, Jenny e Goodson, Lisa, "Making a Place in the Global City: The Relevance of Indicators of Integration" , *Journal of Refugee Studies* , Vol. 21, No. 3, 2008, pp. 305-325

Rohac, Delibor, "Ending the Refugee Crisis", *International New York Times,* 30 de janeiro de 2016

Rubin, M.; Watt, S.E. e Ramelli, M., "Immigrants' social integration as a function of approach-avoidance orientation and problem-solving style", *International Journal of InterculturalRelations 3Q,* 2012, pp. 498'505

Schuck, Peter, "Refugee Burden-Sharing: A Modest Proposal", *Yale Journal ofInternational Law* 22, 1997, pp. 244-297

Strang, Alison e Ager, Alastair, "Refugee Integration: Emerging Trends and Remaining Agendas", *Journal of Refugee Studies,* Vol. 23, No. 4, 2010, pp. 589-607

Strang. Alison,' Ager, Alastair, "The Experience of Integration: a qualitative study of refugee integration in the local communities in Pollokshows and Isington", British Home Office, 2004

Teytelboym, Alex e Jones, Will, "The Refugee Match", *Forced Migration* 51, janeiro de 2016

Thielemann, Eiko, "O futuro do sistema comum europeu de asilo": Em

Need of a More Comprehensive Burden-Sharing Approach", *LSE Migration Studies Unit Working Papers No.* 2008/03

Trelfall, Mónica, "European Social Integration: Harmonization, Convergence and Single Social Areas", *Journal of European Social Policy,* 2003

USA Today, "Japan opens pocketbooks, not doors, to refugees", 6 de outubro de 2015

Wilkinson, Paul, "International Relations-A very short introduction", Oxford University Press, 2007

CAPÍTULO 5

Jogo de formação de grandes alianças comerciais na Ásia-Pacífico: Pontos de vista de Tóquio e de outros países sobre o TPP, o RCEP e o APE Japão-UE[49]

1. INTRODUÇÃO

As mega-negociações de comércio livre são frequentes na região Ásia-Pacífico, em plena expansão. stÉ muito provável que os seus resultados determinem a forma da ordem económica na região aparentemente dotada do maior potencial do século XXI. Daí a sua importância.

O presente documento procura lançar luz sobre as rivalidades entre os mega ACL regionais emergentes na Ásia-Pacífico, em particular entre a TPP (Parceria Transpacífica) e a RCEP (Parceria Económica Regional Abrangente), e elucidar os factores de mudança que moldam as suas futuras relações.

O comércio livre pode ser definido como uma política seguida nalguns mercados internacionais em que os governos dos países não restringem as importações ou exportações de outros países. A teoria original do comércio livre remonta à obra de Adam Smith "An Inquiry into the Nature and Causes of the Wealth of Nations" (1776). A teoria das vantagens comparativas de David Ricardo, contida no seu livro "Principles of Political Economy and Taxation" (1817), continua a ser a espinha dorsal das teorias do comércio livre, mesmo 200 anos após a sua publicação.

Entre os economistas neoclássicos, Hecksherer-Ohlin defendeu a teoria do comércio livre baseada na dotação de factores. Paul Samuelson foi também um importante teórico do comércio livre.

Por outro lado, há também quem aponte os aparentes e temidos efeitos negativos do comércio livre, como os danos causados ao ambiente e à saúde a nível mundial e a degradação das condições de trabalho. Os detractores citam, por exemplo, a desflorestação causada pelo abate descontrolado de árvores para exportação e os possíveis efeitos nocivos das culturas geneticamente modificadas e das hormonas de crescimento. Argumentam também que o comércio livre tende a induzir baixos salários, condições de trabalho precárias e até mesmo trabalho forçado e trabalho infantil abusivo nos países em desenvolvimento, onde as empresas tentam reduzir os custos para obter uma vantagem de preço à custa dos direitos humanos. A isto poder-se-ia chamar uma "corrida para o fundo do poço".

Entretanto, o protecionismo, por oposição ao comércio livre, tem sido repudiado por

---

[49] Uma versão preliminar deste artigo foi apresentada na conferência anual da European Union Studies Association-Asia Pacific, que teve lugar em Hong Kong, em 30 de junho de 2016.

muitos académicos. Adam Smith é um deles. Defendia que as políticas proteccionistas, como as barreiras comerciais, não aumentariam a produção total, mas apenas desviariam os recursos para utilizações menos produtivas. Segundo ele, "nenhuma regulamentação do comércio pode aumentar a quantidade de indústria em qualquer sociedade para além do que o seu capital pode manter. Apenas pode desviar parte do capital para uma direção que, de outro modo, não teria sido seguida, e não é de modo algum certo que esta direção artificial seja mais vantajosa para a sociedade do que aquela para a qual teria ido por sua própria iniciativa.[50]

Entretanto, o recém-empossado Presidente dos EUA, Donald Trump, ameaçou repetidamente recorrer a restrições às importações para salvaguardar os empregos nacionais. [th]Mas temos de ter em mente que a alegação de que o comércio deve ser limitado porque as importações destroem empregos existe desde o século XVI.[51] Não se pode negar que as importações destroem efetivamente postos de trabalho em certos sectores. Mas o facto de as importações eliminarem alguns postos de trabalho não significa que o comércio diminua o emprego em geral ou prejudique a economia. É de notar que o bloqueio das importações pode proteger o emprego em certas indústrias que competem com as importações, mas também reduz o emprego noutras indústrias, diminuindo as exportações e aumentando os custos para as indústrias que utilizam as importações. O comércio é um pequeno fator de deslocação da mão de obra, de acordo com o Gabinete de Estatísticas do Trabalho dos EUA. O aumento da concorrência estrangeira entre indústrias é responsável por uma pequena parte da deslocação de empregos entre indústrias, porque há elevadas taxas de perda de empregos em indústrias com pouco comércio. No presente documento, centramo-nos nos mega-acordos de comércio livre que têm estado a ser preparados na Ásia-Pacífico. Tem havido uma evolução na atividade dos ACL na Ásia-Pacífico. Em 1998, a Ásia-Pacífico não tinha acordos deste tipo, em contraste com outras regiões, mas no início da década de 2000, um número crescente de países da Ásia-Pacífico tinha políticas activas de ACL. Em meados de 2012, a região da Ásia-Pacífico acolhia 107 projectos de acordos de comércio livre, 75 dos quais tinham atingido a fase de assinatura ou de entrada em vigor. Destes, apenas quatro eram ACL estritamente regionais (Área de Comércio Livre da ASEAN=AFTA), Acordo de Comércio Livre da América do Norte (NAFTA), Mercado Comum da América Central (CACM) e Acordo Comercial com os Países Insulares do Pacífico (PICTA), sendo um pequeno número de outros acordos quase regionais em que um grupo regional tem um acordo com um país terceiro, principalmente os pactos separados da ASEAN com o Japão, China, Coreia do Sul, Austrália e Nova Zelândia. Assim, a atividade dos ACL na região Ásia-Pacífico tem sido predominantemente bilateral (Dent, 2013). [52]

Segundo Dent, a ideia de criar uma ZCL regional na Ásia Oriental e na região da Ásia-Pacífico não é nova. A primeira iniciativa japonesa de construção da comunidade

---

[50] Adam Smith, "An Inquiry into the Nature and Causes of the Wealth of Nations", Clarendon Press, Oxford, 1976, p 453 (publicado originalmente em 1776)

[51] Douglas Irwin "Trade Politics and the Semiconductor Industry" p36 In Anne O. Kruger (ed) The Political Economy of American Trade Policy University of Chicago Press, Chicago 1996

[52] Christopher M. Dent "Free Trade Agreements in the Asia-Pacific: Going Around in Circles?" *International Affairs* (Londres) Volume 89, Número 4^ julho de 2013

do Pacífico, na década de 1960, incluía uma proposta de criação de uma Zona de Comércio Livre do Pacífico (ZCLP), embora esta nunca tenha progredido. Nos anos 90, seguiram-se a criação da AFTA, da NAFTA, da CACM e da PICTA, mas estas foram criadas no âmbito de uma pequena ZCL sub-regional ou na crista da onda das novas ZCL bilaterais.

Os ACL tornaram-se uma peça central da política comercial da maioria dos principais Estados da Ásia-Pacífico e, em muitos casos, expuseram ainda mais as ligações entre a política interna e o comércio internacional, especialmente no que diz respeito a questões sensíveis do sector, como a agricultura. Além disso, os ACL têm potencial para afetar significativamente os fluxos comerciais e de investimento na Ásia-Pacífico, não só através da eliminação de barreiras económicas entre as nações, mas também através da forma como estes acordos podem moldar o ambiente regulamentar comercial da região. [53]

As negociações sobre a RCEP continuam a decorrer sem que haja sinais de uma conclusão rápida.

Passamos agora a discutir a forma como os acordos comerciais regionais, como o TPP e o RCEP proposto, têm impacto nas negociações comerciais da Ronda de Desenvolvimento de Doha da Organização Mundial do Comércio.

A decisão da Grã-Bretanha de sair da União Europeia também parece ter alterado as perspectivas de uma conclusão bem sucedida de mega ACL regionais, como o APE (Acordo de Parceria Económica) Japão-UE e o TTIP (Parceria Transatlântica de Comércio e Investimento). O presente documento tentará analisar as consequências do Brexit para os mega-acordos regionais de comércio livre.

O Brexit, juntamente com o chamado "fenómeno Trump", também parece ter afetado o alcance do conceito dominante da democracia liberal do pós-guerra mundial, baseado no comércio livre e no progresso da globalização.

Entretanto, as negociações de comércio livre entre a UE e o Canadá quase caíram por terra em outubro de 2016, após a oposição da região belga da Valónia. Mais tarde, a região abandonou a sua oposição para abrir caminho à aprovação do acordo pela UE. Este parece ser mais um sinal de uma resistência cada vez mais forte à globalização económica.

É de notar que o comércio liberalizado ampliou o crescimento económico, mas os despojos foram largamente monopolizados por interesses ricos e empresariais. As recriminações sobre as desigualdades económicas daí resultantes são agora tão ferozes que a história moderna foi alterada: A fase de liberalização que começou com o fim da Segunda Guerra Mundial está essencialmente terminada. Nas sete décadas que se seguiram a essa conflagração, os líderes mundiais forjaram uma série de acordos comerciais cada vez mais vastos e complexos, depositando esperanças de paz e prosperidade no valor de transformar adversários de guerra em parceiros comerciais.[54] Tentaremos analisar os factores subjacentes à emergência de um mundo de democracia pós-liberal.

---

[53] Christopher M. Dent "Free Trade Agreements in the Asia- Pacific: A Risky Game Being Played at the Wrong Time" *Evan Group Policy Brief,* abril de 2006

[54] *The New York Times* "Uma lição nítida sobre os perigos do comércio" 24 de outubro de 2016

II TPP

A TPP foi assinada pelos 12 países da região Ásia-Pacífico em fevereiro de 2016, após um acordo alcançado em outubro do ano anterior. Os 12 países - Estados Unidos, Japão, Canadá, Austrália, Nova Zelândia, México, Chile, Peru, Singapura, Malásia, Vietname e Brunei - representam cerca de 40 % do produto interno bruto (PIB) mundial. Para além disso, as populações combinadas dos 12 países totalizam 800 milhões. O TPP é o maior mega acordo de comércio livre do mundo até à data. Mas o seu destino, ou seja, se entrará em vigor, é incerto.

1 . História

O antecessor do TPP, designado por Acordo de Parceria Estratégica Transpacífico (TSPA), foi forjado por quatro pequenos países: Singapura, Brunei, Nova Zelândia e Chile. O acordo de comércio livre quadrilateral está em vigor desde 2006. Impressionado com os seus elevados padrões de liberalização do comércio, o governo dos EUA decidiu aderir às novas negociações do quadrilátero sobre serviços financeiros e investimento, iniciadas em março de 2008. Em novembro de 2008, o acordo foi reformulado para negociações sobre um acordo de Parceria Transpacífico (TPP) entre o quadrilátero inicial e os Estados Unidos, bem como a Austrália, o Peru e o Vietname. A Malásia aderiu às conversações da TPP em outubro de 2010 e o Canadá e o México em outubro de 2012. O Japão demorou muito tempo a decidir se queria aderir às conversações do TPP devido à forte resistência do seu lobby agrícola, que receia a possibilidade de o sector agrícola do país ser ultrapassado por importações baratas. Tóquio anunciou finalmente a sua intenção de aderir às conversações do TPP em março de 2013, elevando para 12 o número de partes no TPP. O Japão entrou nas conversações do TPP em julho de 2013, sendo o último dos 12.

[st]O Primeiro-Ministro japonês, Shinzo Abe, considerou que um acordo comercial de alto nível, do século XXI, com fortes disposições ambientais e laborais e regras para a economia digital que protegessem a propriedade intelectual e preservassem uma Internet aberta, servia os interesses do Japão[55] .

Abe utilizou amplamente o TPP como o papel tradicional dos acordos comerciais, para afetar um debate interno. A promessa de maiores exportações, como o maior acesso ao mercado automóvel dos EUA, ajudou a ultrapassar a resistência do recalcitrante lóbi agrícola japonês à redução da proteção das importações de arroz e carne de vaca.[56]

2 Ampla cobertura da TPP

O TPP é muito mais do que reduções/remoções pautais, estabelecendo regras em matéria de investimento, propriedade intelectual e normas laborais.

O TPP pretende abrir novos caminhos em matéria de normas ambientais e laborais para os acordos comerciais. Há cláusulas que tentam travar a desflorestação e a sobrepesca. Todas as partes serão também obrigadas a aplicar as regras da Organização

[55] Observações da embaixadora Wendy Sherman, antiga subsecretária de Estado dos EUA para os Assuntos Políticos, numa conferência de imprensa no Clube Nacional de Imprensa do Japão, em 16 de fevereiro de 2016.

[56] Financial Times "Sete coisas que vale a pena saber" 24 de outubro de 2015

Internacional do Trabalho sobre os direitos dos trabalhadores. Serão obrigadas a fixar um salário mínimo e a regulamentar os horários de trabalho.

Permitiria aos Estados Unidos ajudar a definir as regras do comércio na região Ásia-Pacífico.

É também de salientar que o TPP permitirá que as empresas multinacionais contestem as leis locais, afirmando que estas violam a lei comercial, ao abrigo da chamada cláusula ISDS (resolução de litígios entre investidores e Estados).

3 O pivot de Obama para a Ásia

O presidente dos EUA, Barack Obama, considera que a prosperidade futura da América depende de estar dentro da integração económica que ocorre na Ásia-Pacífico, de acordo com a embaixadora Wendy Sherman (16 de fevereiro de 2016). Washington acredita que o acordo TPP reforça os laços entre os EUA e o Japão, que sofreram uma série de duras fricções comerciais nas décadas de 1970, 1980 e 1990.

Mas o objetivo não declarado do pivot de Obama para a Ásia era proteger-se contra as crescentes ambições hegemónicas da China.[57]

4 Fator Trump

O presidente eleito dos EUA, Donald J. Trump, que classificou o acordo TPP de "insano", aproveitou a raiva crescente entre os eleitores que afirmam que as políticas de comércio livre prejudicaram as comunidades e significaram a perda de empregos na indústria transformadora para a China, México e outros países.

Foram expressas reacções duras contra a posição de Trump em relação ao TPP. Por exemplo, o antigo diretor executivo da Boeing, Jim McNernney, disse numa reunião de negócios em Washington, em março de 2016, que a discussão comercial de Trump é "muito perigosa" e acrescentou que o "debate político é um pouco assustador neste momento".

Os críticos dos acordos comerciais liderados por Trump querem renegociar pactos como o Acordo de Comércio Livre da América do Norte (NAFTA), a que chamou "o pior acordo comercial da história" - e o acordo que trouxe a China para a OMC. Ele quer acabar com o TPP, que está pendente. Trump, tal como muitos críticos liberais dos pactos comerciais, afirma que a melhor forma de aumentar os rendimentos dos americanos e de reforçar o poder dos cidadãos sobre as empresas é restringir a colaboração internacional e reafirmar a autonomia nacional dos Estados Unidos. Isto é uma ilusão. A única forma de fazer avançar os interesses dos trabalhadores e consumidores americanos é negociar acordos internacionais melhores e mais fortes. O TPP representa um importante passo em frente e, quer o acordo sobreviva ou não de uma forma ou de outra, os acordos comerciais continuam a ser uma das melhores formas de dar aos governos maior poder para proteger os seus cidadãos e melhorar os padrões de vida dos trabalhadores.[58]

5 Pontos de vista da China

---

[57] *The Financial Tinies* "O pivot de Obama para a Ásia continua inacabado" 25 de maio de 2016

[58] *The New York Times* "Comércio livre para a América em primeiro lugar" 18 de novembro de 2016

Quanto aos custos da exclusão da TPP, um economista do Banco Popular da China estimou que a perda de oportunidades comerciais poderia reduzir em 0,5% o crescimento económico anual da China.

Entretanto, alguns funcionários do governo chinês vêem a adesão ao TPP como uma oportunidade para levar a cabo reformas económicas e do sector público difíceis, tirando lições dos efeitos da adesão da China à OMC.

Os funcionários também vêem um potencial impulso nos requisitos de "padrões mais elevados" do TPP relacionados com a concorrência, a proteção do ambiente, o investimento e o trabalho.

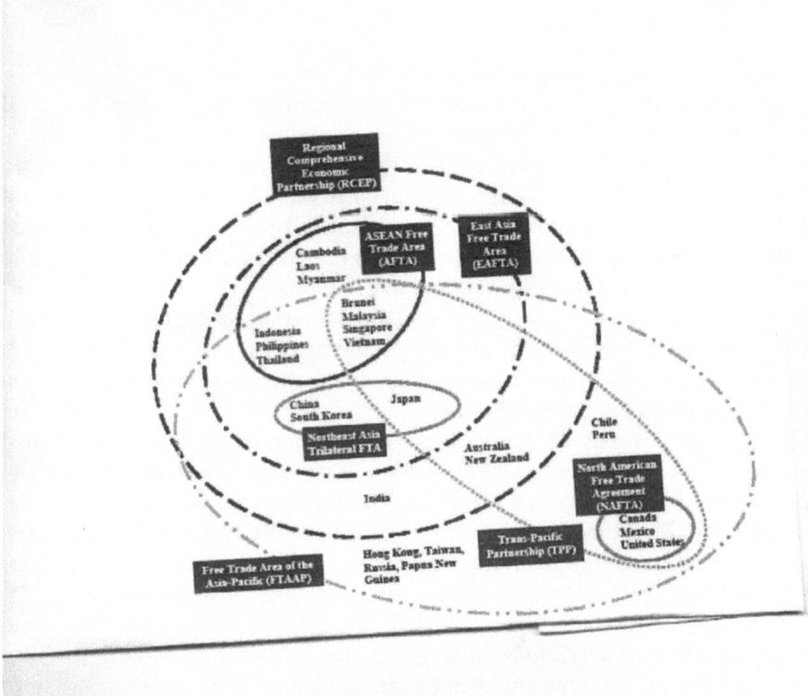

Fig. 1 Projectos regionais de ACL na Ásia Oriental e na Ásia-Pacífico

6 Vistas de Bruxelas

A TPP dará um novo impulso às negociações comerciais da UE com o Japão e os Estados Unidos.

Há muitos obstáculos a uma Parceria Transatlântica de Comércio e Investimento (TTIP) bem sucedida entre a UE e os EUA, que vão desde disputas persistentes sobre hormonas na carne de bovino, organismos geneticamente modificados, indicadores geográficos para alimentos e bebidas, a um debate crescente sobre o tipo de proteção jurídica que os investidores dos EUA devem ter e vice-versa no âmbito da TTIP.

Michael Froman, representante comercial de Obama, avisou que não havia "plano B" se as negociações não fossem concluídas em 2016. Teme-se que a não conclusão do acordo antes da mudança de administração dos EUA em janeiro de 2017 possa condenar o pacto a anos de deriva.

Entretanto, os ministros do comércio da UE, numa reunião realizada em novembro de 2016, decidiram congelar as negociações da TTIP com os Estados Unidos na sequência da vitória de Trump nas eleições presidenciais daquele país.

7 . O impacto da TPP na economia mundial

Escusado será dizer que o TPP tem um grande potencial para libertar oportunidades e trazer mais crescimento à economia mundial, injectando simultaneamente dinamismo no sistema de comércio multilateral.

III. RCEP

O projeto de criação de uma zona de comércio livre entre os 10 países da ASEAN, o Japão, a China e a Coreia do Sul, denominado "Comunidade da Ásia Oriental", foi abandonado e transformado em RCEP, que abrange igualmente a Austrália, a Nova Zelândia e a Índia, para além dos 13 países acima referidos. O grupo ASEAN é o centro deste novo projeto regional e baseia-se nas suas relações radiais de comércio livre com a China, o Japão, o Coreia do Sul, a Austrália, a Nova Zelândia e a Índia. Trata-se de acordos de comércio livre relativamente simples e convencionais que, de um modo geral, reflectem os interesses dos países em desenvolvimento.

O TPP e o RCEP são frequentemente apresentados como blocos comerciais rivais. O RCEP parece ser mais favorável ao desenvolvimento. O núcleo do RCEP é um acordo sobre mercadorias que visa harmonizar os calendários e as regras pautais na sofisticada cadeia de abastecimento global da Ásia.

A RCEP está a ser negociada há três anos. Os progressos têm sido lentos, aparentemente devido à diversidade das economias. A data prevista para a conclusão do acordo tinha sido adiada para o final de 2016. Mas o prazo não foi cumprido.

Entretanto, sete países participam tanto na TPP como na RCEP: Austrália, Brunei, Japão, Malásia, Nova Zelândia, Singapura e Vietname. Para os outros 9 participantes, a TPP pode não ser uma opção devido à incapacidade de cumprir os compromissos.

O Banco Asiático de Desenvolvimento (ADB), sediado em Manila, estima que o RCEP irá gerar benefícios a nível do rendimento global de cerca de 260 mil milhões de dólares, contra 320 mil a 400 mil milhões de dólares para o TPP.

Em termos realistas, qualquer acordo final da RCEP teria de excluir substancialmente a agricultura e incluir apenas uma cobertura rudimentar da regulamentação comercial. Isto seria particularmente difícil para a Austrália e a Nova Zelândia venderem aos seus círculos eleitorais internos, mas politicamente viável.[59]

A perspetiva futura da RCEP depende, em última análise, da manutenção de boas relações diplomáticas entre as suas partes negociadoras. Nos últimos anos, estas relações têm sido testadas por vários litígios bilaterais de contra-soberania sobre certas zonas territoriais na Ásia Oriental. Muitos deles estão relacionados com as reivindicações da China no Mar da China Meridional e no Mar da China Oriental. Por exemplo, em abril de 2012, houve um impasse naval entre as Filipinas e a China sobre o Scarborough Shoal no Mar da China Meridional. A China e o Vietname envolveram-

59 Dent, 2013

se numa disputa semelhante nas Ilhas Paracel em março de 2013, enquanto a China e o Japão também se desentenderam sobre as Ilhas Senkaku/Diaoyu, mais a norte.[11]

A Ásia Oriental é, de um modo geral, uma região onde as animosidades históricas prevaleceram durante algum tempo entre muitas das nações que a constituem, pelo que é notável que o regionalismo inter-estatal tenha progredido no seu estado atual, tendo em conta conflitos tão antigos. O que essencialmente une e mantém unida a região da Ásia Oriental é a economia e, em particular, a interdependência económica. É revelador que, durante a turbulenta diplomacia intra-regional do início da década de 2010, os laços comerciais entre as nações da Ásia Oriental tenham continuado a prosperar.

IV. IMPACTO DO TPP NAS CONVERSAÇÕES DA OMC

Em primeiro lugar, deve notar-se que a incapacidade dos membros da OMC para concluírem as negociações comerciais da Ronda de Desenvolvimento de Doha, que há muito se arrasta, deu origem a uma multiplicidade de acordos de comércio livre bilaterais ou regionais e a conversações para negociar novos acordos.

Relativamente a estes acordos, gostaríamos de colocar a questão de saber se são trampolins para a liberalização multilateral do comércio ou se são obstáculos que impedem o multilateralismo e criam simplesmente blocos comerciais que distorcem o comércio. Uma solução poderia ser o "regionalismo aberto", que permite a qualquer país que deseje aderir a um acordo a liberdade de o fazer, ou que eventualmente conduza à fusão dos vários acordos a um nível mais alargado. Na realidade, o regionalismo aberto não parece funcionar, uma vez que os vários acordos não são facilmente harmonizados. Alguns estudos revelam que os Estados Unidos e a UE reduziram menos os seus direitos aduaneiros no Uruguay Round do Acordo Geral sobre Pautas Aduaneiras e Comércio (GATT) no que se refere aos bens fortemente comercializados nos seus ACL existentes, o que indica que os acordos preferenciais constituíam obstáculos à reforma multilateral.[60]

Em segundo lugar, deve salientar-se que todos os ACL são preferenciais por natureza, porque apenas às partes signatárias são conferidas as vantagens comerciais e outras vantagens de política comercial incorporadas no ACL. Por conseguinte, incorrem numa discriminação de facto contra outros parceiros comerciais no processo.

Depois, há o chamado problema da "tigela de esparguete". A "taça de esparguete" de regras de origem diferenciadas, calendários de liberalização pautal, procedimentos aduaneiros e concessões preferenciais em vários outros domínios da regulamentação comercial (por exemplo, investimento, direitos de propriedade intelectual, licenças de exploração do mercado, regras sanitárias e fitossanitárias) que está a ser criada por um número crescente de ACL na Ásia-Pacífico e noutros locais é cada vez mais motivo de preocupação para a OMC, que é suposto defender e desenvolver um sistema multilateral de relações comerciais não discriminatórias. [61]

O Primeiro-Ministro japonês, Shinzo Abe, afirmou que o êxito do acordo TPP seria

---

[60] Baybars Karacaovali e Nuno Limao "The Clash of Liberalizations: Preferential vs. Multilateral Liberalization in the European Union", *Journal of International Economics*, 74 2009: pp 299'327 Jou

61 Dent, 2006

um "vento de popa" para as negociações comerciais da Ronda de Doha da OMC.

No entanto, as rondas de negociação da OMC na última década foram afectadas por objectivos irreconciliáveis entre os membros da OMC, com os membros dos mercados emergentes a oporem-se fundamentalmente à abertura dos seus mercados às exportações dos países avançados. A consequência foi a escassez de progressos e o incumprimento de prazos, que culminou no fracasso da reunião ministerial de Genebra de 2008. Na reunião ministerial de Nairobi, em dezembro de 2015, os membros da OMC não conseguiram sequer decidir se continuavam ou não a Ronda de Desenvolvimento de Doha.

stO TPP e outros acordos comerciais regionais alterarão indubitavelmente o sistema de comércio multilateral e moldarão o futuro da OMC, que se encontra atualmente na retaguarda do desfile no que respeita à abordagem das questões comerciais do século XXI.

Nestas circunstâncias, se os membros da OMC não compreenderem coletivamente a situação e não tirarem as devidas ilações, a instituição falhará como árbitro das relações comerciais entre as nações.

Passemos agora a analisar a relação entre a OMC e os acordos de comércio livre.

Embora a OMC tenha regras sobre os ACL, a maioria reconhece que estas estão desactualizadas e são fracas. No essencial, estas regras estipulam que

-As partes num ACL não devem levantar barreiras comerciais contra os não membros

-A substância principal do acordo deve ser implementada num prazo de 10 anos. -O acordo deve abranger "substancialmente todo o comércio", o que significa que as partes no ACL não devem ser autorizadas a proteger demasiados sectores industriais da liberalização do ACL.

-No entanto, pode ser conferido um tratamento mais favorável aos países em desenvolvimento através do âmbito parcial de acordos não recíprocos (a chamada "cláusula de habilitação")[62]

Estas regras estão atualmente a ser reexaminadas pelo Grupo de Negociação sobre Regras da Ronda de Doha (NGR). As conversações do NGR tiveram início em 2002 e a maior parte das atenções sobre os ACL centrou-se na questão "substancialmente todo o comércio" (artigo XXIV, cláusula 8b). Alguns membros da OMC, como a Austrália, propuseram a introdução de uma definição quantitativa para esta regra, por exemplo, 90 ou 95 % do comércio entre as partes no ACL, mas outros, como os Estados Unidos e a União Europeia, resistiram a esta proposta, uma vez que restringiria seriamente a capacidade de isentar os sectores agrícolas e outros sectores sensíveis dos acordos que pretendem assinar. Nestas circunstâncias, será acordada uma atualização substantiva desta regra. Além disso, é também muito improvável que sejam introduzidas regras totalmente novas que restrinjam o crescimento da atividade dos ACL,[63]

Escusado será dizer que o controlo mais eficaz da proliferação de ACL seria uma Ronda de Doha concluída de forma abrangente. Tal deve-se ao facto de a realização de mais progressos na liberalização do comércio multilateral reduzir os ganhos

[62] ibid

[63] ibid.

marginais resultantes da assinatura de ACL pelos parceiros comerciais.

V. O IMPACTO DO BREXIT NA DEMOCRACIA LIBERAL

A decisão da Grã-Bretanha de sair da União Europeia foi uma surpresa para muitos decisores políticos e economistas de toda a Europa, que previam uma vitória da permanência.

Uma análise da repartição dos votos expressos no referendo do Reino Unido mostra que as zonas com um elevado número de pessoas com formação académica tendem a votar na permanência. De entre mais de 100 características sociais, a percentagem de pessoas com um diploma foi a mais fortemente associada à percentagem de eleitores que votaram na permanência. As zonas com um rendimento médio mais elevado tendem a manter-se, enquanto as zonas com rendimentos mais baixos tendem a sair. Nos escalões de rendimento médio alto e alto, 57% votaram na permanência, enquanto 64% da classe trabalhadora e do escalão de rendimento baixo votaram na saída. A idade foi outro fator determinante. Os jovens votaram esmagadoramente pela permanência, mas em menor número, o que atenuou o impacto global da idade. Na faixa etária dos 18 aos 24 anos, 73% dos eleitores votaram a favor da permanência. O mesmo aconteceu com 62% das pessoas com idades compreendidas entre os 25 e os 34 anos. Por outro lado, 57% do grupo etário dos 55-64 anos e 60% dos que têm 60 anos ou mais votaram a favor da saída. Os que votaram a favor da saída estavam aparentemente preocupados com o aumento acentuado de imigrantes da Europa de Leste, em particular da Polónia, e com a erosão da soberania pela "burocracia de Bruxelas".

Numa sondagem realizada antes do referendo de 23 de junho no Reino Unido, um número esmagador de economistas de renome concordou que o Brexit iria baixar os rendimentos dos eleitores, tanto no Reino Unido como no resto da União Europeia. Os eleitores britânicos não estavam a dar ouvidos aos economistas.

Por outras palavras, parece haver um ceticismo profundamente enraizado sobre os benefícios do comércio e da externalização.

Edward Mansfield e Diana Mutz, professores do departamento de ciência política da Universidade da Pensilvânia, defendem que este ceticismo está intimamente relacionado com três conjuntos de crenças: isolacionismo, populismo e etnocentrismo.[64]

O Brexit parece estar a exercer um efeito adverso nas negociações em curso da Parceria Transatlântica de Comércio e Investimento (TTIP) entre os dois maiores blocos económicos do mundo, os Estados Unidos e a UE. Mesmo após o referendo no Reino Unido, os dois países continuam a esperar concluir as negociações, iniciadas em 2013, antes do final da administração Obama, em janeiro de 2017. Os pontos de fricção nas negociações envolvem as regras europeias relativas aos alimentos geneticamente modificados e à proteção de nomes de produtos alimentares regionais, como o champanhe e o presunto de Parma, e as regras norte-americanas que protegem os concursos para contratos públicos e exigem a inclusão da cláusula ISDS (resolução de litígios entre investidores e Estados).

[64] N. Gregory Mankiw "Why voters aren't buying global trade" The New York Times, 1 de agosto de 2016

Daniel Caspary, legislador do Parlamento Europeu e porta-voz para o comércio internacional do grupo de partidos de centro-direita PPE, afirmou que o Brexit torna a necessidade do TTIP ainda mais premente. Se o Reino Unido sair da UE, "isso torna o TTIP mais urgente", porque a UE vai querer compensar rapidamente a perda de peso relativo na economia global.[65]

Mas com a perda de um dos mais fortes defensores do comércio livre do bloco, que tem sido frequentemente um contrapeso para os países mais proteccionistas da UE, os diplomatas da UE dizem que as perspectivas do acordo são mais incertas do que nunca. É de salientar que a Grã-Bretanha é o maior parceiro comercial dos EUA na UE, medido pelo valor total das exportações de mercadorias, de acordo com o Departamento do Comércio dos EUA.

"A única coisa que podemos dizer com um elevado grau de certeza é que não vai acontecer grande coisa até termos passado o ciclo eleitoral, primeiro nos Estados Unidos e depois em França e na Alemanha", disse Fredrik Erixon, diretor do Centro Europeu para a Economia Política Internacional, um grupo de reflexão com sede em Bruxelas. [66]

Entretanto, é de salientar que existe uma oposição popular profundamente enraizada ao TTIP na Europa, incluindo na Alemanha e em França. De acordo com um relatório da BBC,[67] dezenas de milhares de pessoas em cidades de toda a Alemanha saíram à rua em 17 de setembro de 2016 para protestar contra a proposta de TTIP. Temem que o TTIP reduza as normas europeias em matéria de proteção alimentar e ambiental, possa conduzir à externalização e à perda de postos de trabalho e provoque a exploração de pessoas por empresas de ambos os lados do Atlântico, refere o relatório. "Serão as empresas e os bancos que terão poder sobre as pessoas em todo o mundo", afirmou um dos participantes. Na Europa, o TTIP divide os indivíduos e as sociedades com diferentes questões e prioridades de valores e as atitudes gerais em relação aos Estados Unidos num país desempenham um papel importante.

VI. A DEMOCRACIA LIBERAL NUMA ENCRUZILHADA

A ordem da democracia liberal do pós-guerra, que inclui o comércio livre, a livre circulação de pessoas através das fronteiras nacionais, a globalização e a cooperação internacional, parece estar em risco, se não mesmo morta, devido ao aumento do protecionismo e dos ânimos anti-imigração em todo o mundo, como exemplificado pelo Brexit e pela vitória do empresário bilionário Donald J. Trump nas eleições presidenciais americanas de 2016.

O voto no Brexit faz parte de um fenómeno mais recente e mais internacional: uma reação populista na política ocidental contra a globalização e a política dominante, que assistiu à ascensão de Trump nos Estados Unidos e de políticos de extrema-direita na Europa, como Marine Le Pen, da Frente Nacional, em França.

Por outro lado, o Brexit está a ameaçar desmantelar um bloco democrático de

---

[65] *The Wall Street Journal* "Brexit clouds EU-U.S. trade deal" 19 de julho de 2016[1] ibid.
GG ibid.
[67] *BBC* "Protests in Germany against transatlantic TTIP and Ceta trade deals" (Protestos na Alemanha contra os acordos comerciais transatlânticos TTIP e Ceta), 17 de setembro,

nações que coexistiu pacificamente durante décadas. Mas também está a gerar incerteza sobre uma questão ainda maior: Estará a ordem pós-1945 imposta pelos Estados Unidos e seus aliados a desfazer-se também? [68]

O lento crescimento económico abalou a confiança na economia liberal, em particular face à deslocação causada pelo comércio e pelo aumento da imigração. O populismo está a crescer em todo o Ocidente. No Médio Oriente, as fronteiras estão a ser apagadas no meio de um aumento do sectarismo. A China está a tornar-se mais assertiva e a Rússia mais aventureira. Refugiados de lugares pobres e dilacerados pela guerra estão a atravessar a terra e o mar em números recorde para procurar uma vida melhor que lhes é oferecida pelas comunicações modernas. [69]

Entretanto, o mundo globalizado parece estar a passar por uma metamorfose estrutural, com o comércio global a deixar de crescer.

O (crescimento do) volume do comércio mundial manteve-se estável no primeiro trimestre de 2016 e caiu 0,8% no segundo trimestre, de acordo com as estatísticas dos Países Baixos, que, por acaso, conservam os melhores dados.

Nestas circunstâncias, pode ser difícil reunir o entusiasmo do público em relação ao comércio livre. Os benefícios da globalização reverteram desproporcionadamente para os ricos, enquanto os custos recaíram sobre os trabalhadores deslocados e os governos não conseguiram aliviar as suas dores.[70]

Dani Rodrik, professor da Universidade de Harvard, afirmou que os defensores do comércio livre são culpados de exagerar os benefícios e subestimar os custos. "Por não terem feito essas distinções e advertências, o comércio é agora associado a todo o tipo de males, mesmo quando não os merece", afirmou. "Se os demagogos e nativistas que fazem afirmações absurdas sobre o comércio estão a ser ouvidos, são os líderes da claque do comércio que merecem parte da culpa."

VII. CONCLUSÃO

A vitória de Trump, que argumenta que o NAFTA levou à perda de centenas de milhares de empregos entre os trabalhadores americanos, nas eleições presidenciais americanas de 8 de novembro de 2016, resultou no arquivamento do TPP. Trump prometeu retirar os Estados Unidos do TPP no primeiro dia do seu mandato, a 20 de janeiro de 2017.

Trump candidatou-se com uma política comercial de nacionalismo económico e ganhou. E esse mandato deve ser respeitado. Mas a "América em primeiro lugar" não pode ser promovida apenas pela América. A soberania nacional total sobre o comércio global é uma ilusão.

O objetivo dos nacionalistas económicos como Trump deveria ser o de reforçar a capacidade do governo para agir eficazmente e no melhor interesse dos seus cidadãos na expansão e gestão do comércio global. Para isso, precisamos de mais, e não menos, cooperação no comércio internacional.[71]

---

[68] *The New York Times* "'Brexit' vote rattles future of postwar world order" 27 de junho de 2016#
[69] ibid.
[70] *The New York Times* "Trade slows as nations lose their global drive" 1 de novembro de 2016
[71] *The New York Times,"* Free Trade for America first", 18 de novembro de 2016

Apesar das fracas perspectivas para a TPP, o Japão, que tem o segundo maior PIB entre os 12 países participantes na TPP depois dos Estados Unidos, ratificou o pacto em dezembro de 2016. O Japão tornou-se o primeiro país da TPP a fazê-lo.

O TPP está arquivado, pelo menos para já, se não mesmo morto.

Enquanto os Estados Unidos se inclinam para o protecionismo, o isolacionismo e o nativismo, o Japão tem aparentemente três opções: (1) abandonar a esperança de conseguir que o TPP entre em vigor, (2) negociar um pacto de comércio livre com os Estados Unidos, e (3) procurar a realização do TPP entre 11 países, sem os Estados Unidos.

O quadro geral da rivalidade entre a TPP e a RCEP liderada pela China mudou.

Os Estados Unidos estão a perder a sua credibilidade na região da Ásia-Pacífico, uma vez que não se espera que o Congresso ratifique o pacto. O Presidente cessante, Barack Obama, considera o TPP um pilar da política de reequilíbrio dos Estados Unidos na Ásia, onde o ressurgimento da China está a mudar a paisagem geopolítica e económica.

Alguns estudos dizem que os Estados Unidos não beneficiarão muito em termos económicos com o TPP. Mas Wendy Cutler, uma antiga responsável pelo comércio dos EUA, disse numa entrevista que muitos dos problemas económicos dos Estados Unidos, como a perda de postos de trabalho e o declínio da classe média, não devem ser atribuídos ao potencial impacto do TPP, mas sim aos avanços tecnológicos e a respostas políticas insuficientes.[72]

O protecionismo e o isolacionismo dos Estados Unidos podem ser uma vantagem para a China. Aparentemente, poderá encorajar Pequim nas frentes militar e económica. Após décadas de domínio americano no Pacífico ocidental, a crescente presença chinesa na região, especialmente no Mar do Sul da China, coloca os Estados Unidos perante o dilema cada vez mais urgente de como travar o expansionismo militar e económico da China. O risco atual é que os problemas que afectam o TPP, um acordo comercial assinado com o apoio de Obama, encorajem a China a ver até onde pode levar a maior economia do mundo.[73]

No passado, os Estados Unidos e a China tiveram alguns atritos nas suas relações económicas e comerciais. Em 2015, o défice comercial dos EUA com a China foi de 336,2 mil milhões de dólares, de acordo com o Gabinete de Representação Comercial dos EUA. Os Estados Unidos, que são o segundo maior parceiro comercial da China, a seguir à UE, impuseram direitos anti-dumping e compensatórios sobre os produtos chineses e também instauraram processos contra a China na OMC.

Embora a China possa tirar proveito a curto prazo de um eventual colapso da TPP, os estrategas de Pequim receiam que qualquer vantagem possa ser desperdiçada. Trump ameaçou impor tarifas de 45% sobre os produtos chineses importados para os Estados Unidos e classificou a China como um "manipulador de moeda".

Do lado dos EUA, os especialistas em política externa dizem que um fracasso da TPP não anulará totalmente o trabalho da administração Obama, citando um novo pacto de defesa com

---

[72] *The Japan Times,* "Failure to ratify TPP will damage America's credibility", 1 de setembro de 2016

[73] *The Japan Times* "Os problemas eleitorais dos EUA e o risco da TPP encorajam a China na sua estratégia para a Ásia", 29 de agosto de 2016

as Filipinas, uma aliança revigorada com o Japão e uma maior participação em agrupamentos como a Cimeira da Ásia Oriental.

A decisão da Grã-Bretanha de sair da UE mostrou um ceticismo profundamente enraizado sobre os benefícios do comércio entre os britânicos e deverá lançar uma longa sombra sobre o futuro do comércio livre, incluindo os mega-acordos regionais de comércio livre.

O voto no Brexit é o testemunho de uma reação popular na política ocidental contra a globalização e outros elementos da ordem da democracia liberal do pós-guerra.

Entretanto, um órgão consultivo do Congresso dos EUA apresentou um relatório em 16 de novembro de 2016, no qual se calcula que a China beneficiaria de 88 mil milhões de dólares se fosse alcançado um acordo sobre o RCEP e o pacto entrasse em vigor, enquanto o TPP não entrasse em vigor. O grupo estimou que a China sofreria perdas de 22 mil milhões de dólares se o TPP entrasse em vigor, enquanto o RCEP não entrasse em vigor.

O vice-primeiro-ministro tailandês Somkit referiu no jornal Bangkok Post, em 17 de novembro de 2016, que o RCEP se tornaria provavelmente o ponto fulcral de uma zona de comércio livre a estabelecer na Ásia-Pacífico, agora que há poucas esperanças de que o TPP seja ratificado pelo Congresso dos EUA após a vitória de Trump nas eleições presidenciais americanas.

De qualquer modo, espera-se que tanto o TPP como o RCEP sirvam de base a um ACL mais vasto à escala da APEC (Cooperação Económica Ásia-Pacífico), denominado Área de Comércio Livre da Ásia-Pacífico (FTAAPS), um acordo inclusivo de elevada qualidade. No entanto, é pouco provável que a ZCLCA se concretize nos próximos anos, uma vez que a chamada "tigela de esparguete" continua a existir na Ásia-Pacífico.

Assim, a situação mudou drasticamente no que diz respeito à rivalidade entre o TPP e o RCEP no jogo de formação de grandes alianças comerciais na Ásia-Pacífico e, consequentemente, alguns países emergentes que ficaram de fora dos mega-acordos de comércio livre na região perderam em termos de volume de comércio.

Alguns académicos salientam que a TPP e a RCEP poderiam complementar-se mutuamente, em vez de serem concorrentes. [74] Estima-se que os ganhos de rendimento das economias da APEC no seu conjunto representem 1,2% do PIB regional com a TPP,

2,1% pelo RCEP e 4,3% pelo FTAAP.

Referências

BBC "Protests in Germany against transatlantic TPP and Ceta trade deals" 17 de setembro de 2016 http://www.bbc.com/news/world-europe-37396796

Christopher M. Dent "Free Trade Agreements in the Asia-Pacific: Going Around in circles?" *Evian Group Policy Brief,* abril de 2006

Christopher M. Dent "Acordos de comércio livre na Ásia-Pacífico: A Risky Game Being Played at the Wrong Time" *International Affairs* (Londres), Volume 89,

[74] Kenichi Kawasaki "The relative significance of EPAs in Asia'Pacific" *Journal of Asian Economics,* abstract Volume 39, August 2015, pp 19'30

Número 4, julho de 2013
The Financial Times "Sete coisas que vale a pena saber" 24 de outubro de 2015
The Fnancial Times "Obama's pivot to Asia remains unfinished" 25 de maio de 2016
Th *The Financial Times* "Europe and U.S. in race to keep TTIP on track" 31 de maio de 2016
Anabel Gonzalez "Mega-regional trade agreements: Game-changers or costly distractions for the world trading system?" resumo executivo, Global Agenda Council on Trade and Foreign Direct Investment, Fórum Económico Mundial, julho de 2014
Gary Clyde Hufbauer e Cathleen Cimino-Isaacs "How will TPP and TTIP change the WTO System" *Journal of International Economic Law,* (2015) 18(3) pp 679-696
Douglas Irwin "Trade Politics and the Semiconductor Industry" In Anne O. Krueger (ed.) , *The Political Economy of American Trade Policy,* University of Chicago Press, Chicago 1996
The Japan Times "A não ratificação do TPP prejudicará a credibilidade da América" 11 de setembro de 2016
The Japan Times "Os problemas eleitorais dos EUA e o risco da TPP encorajam a China na sua estratégia para a Ásia" 29 de agosto de 2016
Kenichi Kawasaki "The relative significance of EPAs in Asia-Pacific" *Journal of Asian Economics,* Volume 39, agosto de 2015, pp 19-30
N. Gregory Mankiw "Why voters aren't buying global trade" *The New York Times,* 1 de agosto de 2016
Baybars Karacaovali e Nuno Limao "The Clash of Liberalizations: Preferential vs. Multilateral Liberalization in the European Union", *Journal of International Economics,* 74, 2008 pp 299-327
The New York Times "A Sharp Lesson in the Peril for Trade" 24 de outubro de 2016
The New York Times "Comércio livre para a América em primeiro lugar" 18 de novembro de 2016
The New York Times "Trade slows as nations lose their global drive" 1 de novembro de 2016
The Nihon Keizai Shimbun "Como é que a TPP vai mudar as empresas e a vida das pessoas? (TPP, bizinesu kurashi wo koukaeru)" 25 de janeiro de 2016, Tóquio
Nikkei Asia Review "Resoluções de Ano Novo para os negociadores da RCEP" 8 de dezembro de 2015
Adam Smith *An Inquiry into the Nature and Causes of the Wealth of Nations,* Clarendon Press, Oxford, p 453,1976 (publicado originalmente em 1776)
Nils D. Steiner "Public Support for TTIP in EU Countries: The Correlates of Trade Preferências políticas num caso importante", 20 de janeiro. 2016 https://ssrn.com/abstract=2718984
The Wall Street Journal "Brexit clouds EU-U.S. trade deals" 19 de julho de 2016
Espaços sociais únicos" , *Journal of European Social Policy;* 2003

MIX
Papier aus verantwortungsvollen Quellen
Paper from responsible sources
FSC® C105338

Printed by Books on Demand GmbH, Norderstedt / Germany